登门槛效应

陈东强 郭春光 —— 著

中国纺织出版社有限公司

内 容 提 要

日常生活中，在总目标达成有困难的情况下，我们不妨降低要求、先达成一个小的目标，给事情的发展一个过渡和缓冲的过程，这就是"登门槛效应"。

本书是一本基础心理读物，它从一些有趣的现象入手，带领我们了解什么是"登门槛效应"，以及如何运用登门槛效应达成一个个目标，内容涉及求人办事、拒绝他人、人际关系、人生突破、心理博弈、语言沟通等方面，告诉我们说话做事不能"一口吃成个胖子"，学会退而求其次，反而更有益处。最后，希望本书能对广大读者有所启示。

图书在版编目（CIP）数据

登门槛效应 / 陈东强，郭春光著. -- 北京：中国纺织出版社有限公司，2024.7
ISBN 978-7-5229-1649-1

Ⅰ.①登… Ⅱ.①陈… ②郭… Ⅲ.①心理学—通俗读物 Ⅳ.①B84-49

中国国家版本馆CIP数据核字（2024）第071754号

责任编辑：柳华君　　责任校对：高　涵　　责任印制：储志伟

中国纺织出版社有限公司出版发行
地址：北京市朝阳区百子湾东里A407号楼　邮政编码：100124
销售电话：010—67004422　传真：010—87155801
http://www.c-textilep.com
中国纺织出版社天猫旗舰店
官方微博 http://weibo.com/2119887771
天津千鹤文化传播有限公司印刷　各地新华书店经销
2024年7月第1版第1次印刷
开本：880×1230　1/32　印张：6.5
字数：108千字　定价：49.80元

凡购本书，如有缺页、倒页、脱页，由本社图书营销中心调换

前　言

生活中的人们，不知你是否有以下感触：

一名男性追求一名女性，如果直截了当地求爱，会被女方认为"图谋不轨"，进而直接拒绝，但如果先从朋友做起，更易达成目标。

孩子做作业时，你告诉他必须半小时内做完，也许他能拖延到两小时，但你让他先整理干净桌面，争取在一个半小时内完成功课，他很可能可以做到。

同样，求人办事中，一开始就说出你想要对方帮忙的"大事"，对方很可能拒绝，但是先提一个对方能帮的小忙，对方会毫不犹豫地答应你，最后你再提出那个"大事"，对方也会接受。

为什么会有这样的现象？

这就是心理学上的"登门槛效应"。

那么，什么是"登门槛效应"呢？它又称得寸进尺效应，是指个体一旦接受了他人的一个微不足道的要求，为了避免认知上的不协调，想给他人前后一致的印象，就有可能接受更大的要求。这种现象犹如登门槛时要一级台阶一级台阶地登，这样能更容易、更顺利地登上高处。

一般情况下，人们都不愿接受较高、较难的要求，因为它费时费力又难以成功，相反，人们乐于接受较小的、较易完成的要求，在实现了较小的要求后，人们才会慢慢地接受较大的要求，这就是"登门槛效应"对人的影响。

心理学家查尔迪尼做了这样一个实验：他代替某个慈善机构进行了一次募捐活动。在募捐时，对一些人说了这样一句话"哪怕一分钱也好"，而对另外一些人则没有说这句话。结果，前者募捐到的钱比后者要多两倍。

这个实验验证了当向人们提出一个微不足道的小要求时，人们很难拒绝，为了留下前后一致的印象，人们就容易接受接下来更高的要求。

在生活中，这样的例子非常多，有个有趣的小故事是这样的：

有个小和尚跟随自己的师父学武艺，但是师父什么都没教他，只是在他第一天拜师后就交给他一群小猪，让他每天带着猪群去庙前的河对岸放牧。

每天早上小和尚要抱着一头头小猪跳过河，到了傍晚时分再抱回来。后来小和尚在不知不觉中练就了卓越的臂力和轻功。原来小猪一天天在长大，因此小和尚的臂力也在不断地增长，他这才明白师傅的用意。

实际上，这也是"登门槛效应"的应用。小和尚的臂力就是在这种无声的"登门槛效应"中慢慢提高的。

其实，"登门槛效应"不只可用于求人办事，还可以用于劝慰他人、拒绝请求、销售沟通、谈判博弈乃至人生目标的达成等方方面面，而如何运用"登门槛效应"就是我们在本书中要阐述的全部内容。

本书从一些常见的心理现象和有趣的小故事出发，逐步引入"登门槛效应"，不仅告诉我们做任何事、说任何话都要有一个过渡和缓冲期，不要奢望一步登天、一蹴而就，而且带领我们学习如何"得寸进尺"、一步步实现自己的目标。最后，希望读者朋友们都能从中获得启示，真正学会运用"登门槛效应"放平心态、掌握技巧、达成目标。

编著者

2024年1月

目　录

第一章　了解登门槛效应：人生需要一步步"得寸"才能"进尺"　001

什么是登门槛效应　003
先"得寸"再"进尺"，往往能实现目标　007
做好身边的小事，才有成大事的可能　010
人生最强大的敌人就是自己　014
三分钟热度是门槛，成功需要持之以恒的努力　018
成功需要"登门槛"：将细微的工作做出色，就是一种成功　021

第二章　登门槛与人生突破：一步步迎难而上，才能获得命运的垂青　025

再好的想法和创意，都需要你跨出第一步"门槛"　027
不断进取，一步步跨越提升的台阶　030
踩着失败的阶梯不断进步，才能在人生的道路上不断攀升　033
一步步坚持下来，你才能品尝成功的果实　037
主动出击，将困难踩在脚下　040
有了挫折，我们的人生才会更加厚重坚实　044

第三章　利用登门槛效应拒绝他人：说"不"也要讲究原则和方法　047

善于拒绝，更要懂得拒绝　049
说点客气话，也是一种拒绝的"门槛"　054
拒绝得恰到好处，能维护好对方的面子　058
以"戴高帽"的方式拒绝，是一种情绪补偿　062
先感谢再拒绝，是"门槛"更是"台阶"　066

第四章　登门槛效应与心理博弈：有缓冲有过渡，才能在心理较量中占据上风　071

修炼"厚脸皮"，软磨硬泡让对方答应　073
提问中层层推进，才能获得你要的答案　077
难度大的要求，不妨先从小事开始"登门槛"　081
制造情境氛围，让对方不知不觉接受你给的"门槛"　085
会贴金，不着痕迹地表露自己的价值　089

第五章　登门槛与销售：循序渐进，一步步实现最终成交　093

先登上一个门槛，循序渐进达到拜访目的　095
别直奔主题，从客户感兴趣的话题开始谈起　098

你的经历，是很好的寒暄话题	102
欲擒故纵，激起客户的兴趣	107
以"利益"为门槛进行引导，满足客户爱买便宜货的心理	111
虚心求教，满足客户的自尊心和虚荣心	115

第六章　利用登门槛效应赢得好人缘：从小处着手拉近距离　119

多提共同点，能与陌生人迅速熟络	121
分享秘密，是获得信任的绝佳方法	126
交谈中多提"我们"，暗示你们是自己人	130
寒暄，是人际交往中的第一个"门槛"	135
用心经营，朋友之间需要多联系和问候	139
欠点人情，人与人之间才会你来我往	143

第七章　交谈中登门槛效应的应用：巧妙铺垫，顺理成章达成你的目的　149

求人办事，要有个"导入"的过程	151
先赞美对方，让对方心甘情愿帮助你	156
把赞美、恭维人的话说到对方心坎里，让他人喜欢与你相处	160
提出请求前，要进行适度的热身运动	164
求人办事，不要奢求一步到位	168

| 第八章 | 利用登门槛效应战胜拖延：自律的好习惯，需要循序渐进逐步养成 | 173 |

拖延带来的快感，不过是自欺欺人的一团糟 175
短期目标的实现，让你获得了"登门槛"的动力 180
聚少成多，学会利用零散的时间 183
提升自制力，逐步消除引起坏习惯的诱因 186
摒弃对抗，找到成长的契机 189
自律的养成，需要经历的几个阶段 193

参考文献 **197**

第一章

了解登门槛效应：人生需要一步步"得寸"才能"进尺"

什么是登门槛效应

社会心理学家弗里德曼在20世纪60年代曾做过一个著名的实验。实验的第一步，是让几名大学生志愿者先到居民楼里通知各家各户的家庭主妇，希望她们能够支持"安全委员会"的工作，并要求她们在一份呼吁安全驾驶的请愿书上签名。

实验的第一步很成功，开门的家庭妇女们几乎全部同意了这个小小的要求。两周后，由原先的几名大学生实验者重新找到这些主妇，问能否在她们的前院立一块不太美观的大告示牌，上面写着"谨慎驾驶"四个大字。

实验结果表明，起先在请愿书上签过名的人，大部分同意了这个请求，同意人数的比例在55%以上，而那些没有签过名的主妇，只有不足17%的人接受了这个请求。

这个实验验证的就是社会心理学的登门槛效应。登门槛效应，又被称为得寸进尺效应，是指当一个人先接受了一个小小的要求后，为保持其形象的一致性，他就极有可能接受更高层次的要求。这就犹如人们登门槛一样，只有一级台阶一级台阶地登，才能顺利地到达高处。

从心理学的角度来解释登门槛效应这一心理现象，即人们会努力维持自己在别人心目中形象的一致性。这就好比那些同意在请愿书上签字的家庭主妇们，既然签了字，那就等于向志愿者表明自己是一个有着较高素养、懂得"安全驾驶"重要性、有觉悟的人。因此，当志愿者"得寸进尺"地提出更高一层的"树立牌子"的要求时，她们显然不好意思拒绝。如果拒绝，不但让对方失望，更重要的是自己在对方心目中已经树立起来的好形象会被推翻。因此，她们大都接受了志愿者的请求。

登门槛效应常运用在销售上，推销员使用这种技巧来说服顾客购买他的商品。聪明的推销员从不直接向顾客推销自己的商品，而是提出一个人们更容易、更乐意接受的小要求，从而一步步地达成自己的推销目的。

其实，对于推销员来讲，最难的并不是推销商品，因为他们对自己的商品早已了如指掌，对相关的知识也早已烂熟于心，对于他们来说，最难的是如何开始推销自己的商品。作为一名销售人员，如果你能顺利地进入客户的家里，或是顺利地让顾客走进你的店铺，那你就已经成功了一半，接下来推销是否成功就是你的销售技巧问题了。

李丹在一家服装公司做销售，业绩一直很不错，连着两年销售量遥遥领先，公司领导非常器重她。同事们都称李丹眼尖，什么样的顾客买衣服、什么样的顾客不买衣服，李丹一眼就能看出来。对此，李丹总是笑而不语。

每当同事们追着李丹"取经"的时候，李丹总是笑着说："每个人销售的方式不一样，关键是要找到适合自己的方式。"

其实，李丹做销售还真没什么特别之处，只是她懂得把握顾客的心理，顾客对标签的价钱皱起眉头时，她总是说："您先试下衣服，穿在身上感受一下，然后做决定。"

李丹一边说着，一边帮客户挑选衣服的颜色、款式。顾客把衣服穿上后，李丹总是不忘真诚地夸奖一番，并周到地为其服务。在这种情况下再劝其买下时，很多顾客往往是"骑虎难下"，只能买下衣服。

时间一久李丹发现，那些答应试衣服的顾客总是比那些不同意试衣服的顾客更容易买单。于是，李丹每次在劝说顾客买衣服前，总是先劝说顾客试试看。

李丹的成功，正是因为她掌握了心理学上的登门槛效应。

相比买衣服的要求，顾客总是更容易答应试衣服的要求。

一下子向别人提出一个较大的要求，人们总是很难接受，而如果逐步提出要求，并不断缩小与较大要求的差距，人们则比较容易接受，这是因为人们都希望给别人留下前后一致的好印象，而不希望别人把自己看作前后不一、变化莫测的人。这就是登门槛效应发挥了作用。

先"得寸"再"进尺"，往往能实现目标

在《战国策》中记载了这样一个故事：

齐国有个人叫冯谖，家里贫穷，不能解决温饱，便寄食到孟尝君门下。当时的孟尝君收留了许多有才能的门客。根据特长的不同，门客们的饮食、起居也有所不同，一般的门客饭食中有鱼，高一级的门客出行可以配车。冯谖初来乍到，孟尝君的仆人都没有太高看他。过了几天，冯谖就击剑而歌："我还是回去吧，吃的食物中都没有鱼！"仆人告知孟尝君后，孟尝君便答应了他的要求。又过了几天，冯谖又击剑高歌："我还是回去吧，出行的时候都没有车！"仆人又耐着性子转告了孟尝君，孟尝君想了想，又答应了他委婉的请求。所有人都以为这下该满意了，谁知过了几天，冯谖又击剑高歌："我还是回去吧，我不能养活自己的家！"仆人便生气地把孟尝君叫了过来，孟尝君问道："你的家中还有什么人吗？"冯谖答道："有年迈的母亲。"于是，孟尝君派人将其母亲接来，供给衣

食，安排住宿。这下冯谖再也不击剑高歌了。

冯谖巧妙地利用了登门槛效应，将要求按照从低到高的顺序依次提出，步步为营，最终达到了自己的目的。当然，冯谖也并不只是一味索取，后来的事实也证明，冯谖的确是位人才，孟尝君地位的稳固，与他有着密不可分的关系。

登门槛效应带给我们很多启示，如教育孩子时，父母不宜一下子对孩子提出过高的要求，而是从小要求逐步过渡到大要求，逐步推进。另外，在人际交往中，当我们要求他人做某件较大、较难的事情又担心对方不愿意做时，可以先请他做一件类似的、较小的事情。巧妙地运用登门槛效应能让我们办事成功的可能性大大提升，在职场上大家也可以充分运用这个"小心机"。当然，无论在何种场景中，我们使用登门槛效应时应该注意以下几点。

1. 保持适度原则

登门槛效应是建立在人们想要在他人心中留下完美印象的基础之上的，如果我们提出的要求超过了他们的能力范围，他们也可能会拒绝我们的要求。适度原则是登门槛效应发挥作用的重要前提。

2. 从极小的要求起步

有些男生是这样追求女孩子的:"这个方案我不是很理解,你能帮帮我,给我讲解一下吗?"之后紧接着:"顺路,我送你回家吧!"就这样一步步"说服"对方成为自己的女朋友,由于是遵循了登门槛效应,在整个过程里,对方不会有不安的感觉。

3. 把目标逐步分解

将大的目标分解,一步一步扎扎实实向前走。这就好比是在爬楼梯,如果想从一楼上到十楼,你就必须一步一个台阶地向上走,如果你想一步登天,从一楼跳到十楼,往往会欲速则不达,跳得越高摔得也就越惨。

总的来说,登门槛效应告诉我们,先得寸再进尺,往往更容易实现目标。

登门槛效应

做好身边的小事，才有成大事的可能

古语有云：一屋不扫，何以扫天下？生活中的我们经常会有这样的认知偏差：这些事情不过都是一些小事，何必在意呢？仿佛我们生来就应该是做大事、赚大钱的人，因而很不屑做小事、赚小钱。其实，什么样的事情算大事，什么样的事情算小事呢？你认为的诸多小事在别人眼中或许就是涉及原则底线的大事，你所认为的大事在更加优秀的人眼中或许也就是不值一提的小事。所以，世间的诸多标准皆是因人而异，不要狂妄自大地将自己定义在某个阶层里面，仔细观察你会发现，古今中外的许多名人都是从身边的小事做起，将小事做到了极致，经过历史的沉淀最终变成了人们口口相传的大事。试想如果你连自己身边的小事都做不好，又如何能够做成所谓的大事呢？谁会给你机会呢？学会留心自己身边的细微信息，做好身边的小事，绝对是有利无害的。

刘姐是某大型商场的销售经理，非常重视对于市场信息的收集。有一天，她在看报纸的时候看到多个摩托车驾驶者造成交通事故的报道。经过思考，刘姐立刻组织商场里的采购人员购进摩托车专用头盔1000顶。过了不到一个月，当地交通部门果然下发了相关政策，规定了驾驶人员没有头盔不得驾驶摩托车。如此一来，头盔一下子成了热门货，刘姐带领着商场的销售人员做成了一笔好生意。

上文中的刘姐之所以能够取得成功，就是在于她总是能够从生活中的细微之处着手，瞄准机会，将生活中的细微信息与自己的工作相结合，变市场机会为自己的成功机遇。事实上，这样敏锐的观察力值得我们所有人学习。在我们每天的生活中，能够接收到的信息有千千万万条，而对于你我而言有价值的少说也有数百条。同样都是面对生活中的未筛选信息，不会利用的人只会认为是垃圾信息而不去筛选，懂得利用的人却能从中获得自己想要的"宝藏"，为自己的人生事业添砖加瓦。

很多时候，我们并不是故意忽视身边的小事，而是绝大部分人并没有重视身边细微小事的意识，而那些拥有"从身边小事做起"意识的人，善于抓住不起眼的机会，很多时候就能够产生意想不到的收获。

如果我问你电风扇是什么颜色的？你可能会告诉我电风扇

什么颜色都有。的确，在现今社会，电风扇五颜六色，你想要什么颜色就有什么颜色，甚至可以根据你的需求帮你定制任何图案。然而，第一台电风扇被发明出来的时候，它的颜色只有黑色一种，于是所有人都理所当然地认为电风扇是黑色的。

当人们看腻了全黑色的电风扇时，电风扇的销量受到了严重的影响，许多小公司生产的电风扇根本销售不出去，日本的东芝电器也是如此。他们生产的一批电风扇根本销售不出去，全部都积压在仓库里，已经严重影响了整个工厂的业绩以及工人工资的发放。为此，东芝的所有员工都在苦思冥想，想要把这些积压的电扇销售出去。他们试了很多种促销方法，都收效甚微。

有一天，某个小职员陪他的儿子在家里画画的时候，儿子问他："爸爸，为什么树叶一定是绿色的呢？"小职员在回答儿子问题的时候，突然想到：为什么电扇一定都是黑色的呢？想到这个，他立刻向上级汇报，提出自己的想法，申请将积压的电扇重新生产、更换颜色，说不定会有不一样的销售情况。上级听取了他的提议，连夜安排工厂将积压的电风扇改头换面，生产出了一批蓝色的、更符合夏天清凉风格的风扇，并以此为营销点进行销售推广。

结果，这批蓝色的电风扇受到了消费者的青睐，引领了一轮新的风潮。东芝电器仅花了短短几十小时就将所有积压的风扇销售一空，全世界的电风扇也不再只是单调的黑色了。

只是改变了颜色，就开发出了一种面貌一新的、畅销的新产品，且使整个公司因此而渡过了难关。颜色本身只是一件小事，利用得当却是能够引发巨大经济效益和社会效益的大事。上面的故事中，提出这一设想的既不是有渊博科学知识的电扇专家，也不是具有丰富商业经验的销售能手，只是一个善于从点滴小事当中思考总结的小小职员。在这之前，东芝公司的其他几万名职工、日本以及其他国家成千上万的电器公司职工都没有人想到过要改变电扇的颜色，似乎电扇本就应该是黑色。

其实，这只是一种可怕的认知习惯。因为自有电扇以来，它的颜色就是黑色的，也没有人想过去改变它的颜色。这种认知习惯成为人们头脑中一种根深蒂固的思维定式，严重阻碍和束缚了人们在电扇设计和制造上的创新思考。由此可见，成功需要我们从身边的每一处小事做起，需要我们培养自我打破思维定式、勇于创新的意识和观念。只有首先有做小事的概念，积少成多，我们才能做成人生的大事。

人生最强大的敌人就是自己

每个人都应该有一条属于自己的路，千人一面的人是不会得到人们欣赏的，只有特立独行才能吸引人们的注意。许多人不敢特立独行就是因为他们没有敢为天下先的勇气。我们应该抛开自己的成见，克服自己的怯弱，展现自己的特色，凸显自己的优点，谱写自己的人生。

一位教授说："哈佛不需要只会考试的应试机器，我们要求学生有鲜明的个性，有学术精神，有领导能力。哈佛培养的是国家未来的精英，是在政治、法律、金融、管理和学术各个领域的顶尖精英。哈佛重视的是一个年轻人的综合素质，从知识的适应能力到创造精神，从博雅文化到领袖气质。"

有雄心即有抱负，有宏伟的志向。有雄心的人会有坚强的意志去实现自己的目标，雄心会在潜意识中激发人的斗志。只要有雄心，目标就不再遥不可及。任何困难在有雄心的人眼中都不是困难，而是成功路上的垫脚石，有了这些垫脚石，他们才能更快、更容易取得成功。

有人说："积极创造人生，消极消耗人生。"或许只有好心态的人才能驾驭自己的人生，也才能收获幸福与快乐。心态决定命运，良好的心态更可能带来好的命运、好的一生。

一个人在成功路上的最大障碍恰恰就是自己。因而我们应该努力学会清除前进路上的荆棘。自私自利、贪图安逸、傲慢无礼等都是阻止自己前进的障碍；怯懦、怀疑和恐惧则是自己最大的敌人。所以，我们要时时警惕自己身上的弱点，努力征服自己，才能征服一切困难。

人生最强大的敌人就是自己，最大的挑战就是挑战自我。自信方能自强。只有自信，才能做到知难而进，才能有临渊不惊、临危不惧的英雄本色。很难相信一个连自己都不敢肯定的人能够得到别人的认可，只有先相信自己，才能够得到别人的信任，也才能够创造出自己事业上的奇迹。

生活绝不会怜惜失败者，在挫折面前，勇者进懦者退。人生的成功属于失败中坚持崇高理想的强者。自信的树立与巩固，与人生的不断收获是分不开的。自信不是天生的，也不是想达到什么程度就能达到什么程度，当人们在具体的职业上，经过不断地学习，增添了新的技能并在实践中加以运用，进而不断取得新的成效时，自信心就会不断地提升，长此以往就会形成一种自觉的心理态势，达到"自信人生二百年，会当水击三千里"的境界。

培根曾说过："人人都可以成为自己命运的建筑师。"当我们面对前进路上的荆棘时，不要畏缩，因为通往云端的路会亲吻攀登者的足迹；当我们面对人生路上的挫折时，不要灰心，因为试飞的雏鹰也许会摔下一百次，但肯定会在第一百零一次试飞时冲入蓝天。

失败是人生的熔炉，它可以把人摧毁，也可以把人变得坚强。其结果取决于你面对失败的心态是否乐观。若是不战自败，那你将彻底陷入失败的沼泽中。此时，你输给的不是别人，而是自己。

命运在赐予一个人成功之前，往往要设置下一道道屏障，来考验一个人的毅力与勇气。因此，那些怯懦者只能在失望和抱怨中走过一生，而只有那些知难而进、勇于跟厄运搏击的人，才能最终品尝到命运之神的精美馈赠。

在通向成功的人生征途中，必定会荆棘丛生、困难重重。当你走在这条征途上时，是否会因为遇到困难而畏缩不前？是否会因为遇到挫折而自暴自弃？成功始于自信，这个道理人人皆知，但并非人人都能做到。试问当艰巨的任务摆在你面前时，你能够充满信心地勇敢接受吗？

有些人的一生中想得最多的是战胜别人，超越别人，凡事都要比别人强。其实，人一生中面临的最大困难和敌人就是自己。战胜了自己，你将战胜一切！

我们生活在竞争如此激烈的社会中，每个人都想要获取胜利、出人头地，但是经过多次的失败，我们才真正明白，那个最终使我们受伤的强大敌人，深深地隐藏在我们自己的心中，这个世界上真正能够打败你的人，唯有你自己。

三分钟热度是门槛，成功需要持之以恒的努力

宋代司马光编写《资治通鉴》，历时19年才截稿；明代李时珍几乎跑遍了名川大山，耗费了整整27年的时间才铸就了《本草纲目》这部名著；谈迁花了20多年的时间才完成了《国榷》，不料完成之后书稿被小偷盗走了，无奈之下，他又开始重新撰写，用了8年的时间才再次完成。

这些例子都足以说明无论做什么事情，只有持之以恒、呕心沥血，才能达到成功的巅峰，若只有三分钟热情，那最终你只能一事无成。

在生活中，做事不能只有"三分钟热情"，而是需要在保温中加温，需要持之以恒，这样才能有所作为。现代社会中，不少年轻人在刚开始工作时满腔热血，但时间久了就慢慢地懈怠了，最终一事无成。

其实，工作不是仅仅依靠热情就能做好的，它更需要坚持。我们都听过龟兔赛跑的故事，在生活中也经常会出现"龟兔赛跑"的例子，有的人成了爱睡觉、对事情三分钟热情的兔子，他

们总是情绪不稳，一会儿想要夺冠，一会儿想要偷懒，而有的人则是慢腾腾的"乌龟"，虽然跑得比较慢，但他们情绪和心态都比较稳定，抓住了一个目标就认真地去完成，这样反而适应了社会的规律，最终夺冠。那些做事只有三分钟热情的人，他们似乎还没有进入真正的角色，对自己所做的事情很不耐烦，他们的三分钟热度就如同一种预警，预示着他们会放弃，或者被社会淘汰，在更多的情况下，他们往往会在东奔西跑中一事无成。

从前，有一名和尚叫一了，他的耐性不够，做一件事情只要稍稍有点困难，就很容易气馁，不肯锲而不舍地做下去。

有一天晚上，师父给他一块木板和一把小刀，需要他在木板上切一条刀痕，当一了切好了一刀以后，师父就把木板和小刀锁在他的抽屉里。以后，每天晚上师父都要小和尚在切过的痕迹上再切一次。

终于有一天晚上，一了和尚一刀下去就把木板切成了两块。师父说："你大概想不到那么一点点力气就能把一块木板切成两块吧？一个人一生的成败，并不在于他一下子用多大的力气，而在于他是否能持之以恒。"

古人云："事当难处之时，只让退一步，便容易处；功到将成之候,若放松一着,便不能成。"在生活中,有很多事情并不是仅仅依靠三分钟热情就可以做好的,也不是一朝一夕就能做到的,而是需要持之以恒的精神,我们必须要付出时间和代价,甚至是一生的坚持,等待机会和成功的来临。

高斯研究数学成功的秘诀就是专心致志、持之以恒,他最反对的就是做事半途而废。当他在对一些重要的定理进行证明的时候,总是采用多种解决、证明的方法,并从中发现最简单和最有力的证明。正是因为高斯如此持之以恒地钻研数学,才为科学事业的发展做出了卓越的贡献。

生活中,那些三分钟热情的人,尽管他们接触了不同的工作,涉足了不同的行业,但最终他们不会做成任何一件事情,他们只是在寻求猎奇的过程中获得了满足,最终他们将一事无成。相反,那些只做了一件事情,并坚持到底的人,他们在某个行业或某个领域达到了一定的高度,他们才是真正的成功者。

有人问著名的组织学家聂弗梅瓦基为什么将一生都花在研究蠕虫的构造上,聂弗梅瓦基回答说:"你可知道,蠕虫这么长,而人生却这么短。"的确,一个人的生命是有限的,而科学研究是无止境的。

简而言之,如果你想获得任何一项事业的成功,就必须持之以恒,甚至付出毕生心血。对于成功而言,恒心就是力量。

成功需要"登门槛"：将细微的工作做出色，就是一种成功

有很多成功人士都是通过自己白手起家达到成功的，在职业之初，他们一般都是从事最底层的工作，但是他们并没有因自己位于底层而气馁，相反，他们正是把底层作为他们展现自己的平台，作为自己成功的开端。无论他们的工作是多么的平凡，多么的不起眼，他们都能够将那些看似普通而又细微的工作做得很出色。

人应该从基础工作做起，认真完成每一项工作，通过认真工作来磨炼自己的情操。坚守脚踏实地的工作态度，切忌好高骛远，这样才能逐渐地积累自己丰富的阅历和宝贵的工作经验。由此一来，当我们面对比较复杂的工作时，依然能够胸有成竹。工作无大小，任何一件工作都需要我们认真对待。只有用心去面对一切，我们才能够做到认真处理每一件事情，这样才能为自己积累更多的经验。

1872年，24岁的哈同独自一人来到中国上海谋生。他看起来是一个年轻力壮的青年人，但是除了身上穿着的衣服，他一无所有。他既没有资金，又不懂专业知识和技术，于是他结合自身的情况，决心从寻找一个立足点开始。

　　他凭着自己身材魁梧高大的优势，在一家洋行找到了一份看门的工作。哈同并没有为自己的这份工作感到丢脸，他认为通过自己为别人看门赚来的钱也是一种报酬，并没有使自己失去身份。他希望把这份工作作为一个立足点，通过自己的努力奋斗积蓄力量。

　　哈同对自己的工作非常认真，忠于职守。另外，他还常常利用晚上休息的时间阅读经济和财务方面的书籍来增加自己的知识。老板渐渐发觉哈同是个出色且聪明的员工，于是就把他调到业务部门当办事员。哈同一如既往地工作，业绩也越来越突出，逐步被提升为行务员、大班等。这时他的收入已经大大增加了，可是满怀志向的他并没有知足。他想拥有自己的企业，于是在1901年他找理由离开了工作岗位，开始独立经营商行。

　　哈同能够从一名看门工做到商行的老板，正是体现了脚踏实地做人的智慧。看门工可能是大多数人都瞧不起的工作，他们觉得自己相貌堂堂、年轻高大，不甘于当看门雇员，可是哈同却将看门员视为他成功的起点。哈同的工作历程彰显了他脚踏实地，循序渐进的成功秘诀，他对自己的每一份工作都做到勤勤勉勉、忠于职守，并且不是急于求成，而是循序渐进地慢慢登上成功的宝座。

年轻人经常被告诫"罗马不是一天建成的"，成功者正是坚信这样的道理，所以才能够赢得成功。中国也有句相似的格言——千里之行始于足下，它们所表达的是同一个意思。

我们在面对任何一件事情的时候，都要脚踏实地、循序渐进，才能获得最后的成功。正可谓"一屋不扫，何以扫天下"，成大事者需要从小事做起，踏踏实实地做好生活中的每一件事，小事做多了就成大事了。

世界上没有一步登天的奇迹，所以年轻人必须恪守脚踏实地的原则，做任何事情都要循序渐进。

第二章

登门槛与人生突破：一步步迎难而上，才能获得命运的垂青

再好的想法和创意,都需要你跨出第一步"门槛"

每个人都有自己的积累财富方式,每种方式积累多少财富却是不一定的,有的人一天到晚忙忙碌碌、辛辛苦苦,可是积累的财富只够自己的生活所需,而那些看起来并不那么忙碌的人,也许一天比你一生积累的财富都要多。这是为什么?只不过是由一个人赚钱的方式决定的。

有的人靠体力赚钱,靠的仅仅是劳动的双手,如果他一天没有劳动,就没有收入,而有的人靠自己建造的某个系统赚钱,就算他某天没有工作,还是有财源滚滚而来,一个人赚钱能力的高低,用什么方式积累财富,是与他的工作方式有关的。

一个摄制组找到一位柿农,表示要买他的柿子。于是柿农找来了自己的同伴,自己用带弯钩的长竿将柿子钩下来,同伴在下面用蒲团接住,一勾一接,配合默契,大家还相互谈笑风生、唱歌助兴,摄制组把这些有趣的场景都拍了下来。临走的时候,摄制组付了他们钱,却并没有拿走那些柿子,柿农都很奇怪。其实并不怪，因为摄制组就是靠这些纪录片来赚钱的，他们的目的并不是柿子，而是由柿子产生的信息产品，那才是真正值钱的东西。

农民忙了一年所带来的财富，却远远不及这一段小小的纪录片。所以说，人不要仅仅凭着体力劳动或者技术来赚钱，还要学会思考，学会用自己的创意来赚钱。很多年轻人可能说我没有创意，没有创造新事物的能力。其实，创意不仅是创造新事物那么简单，它可以只是一个新鲜的想法、一种稍稍改良的做法。不要轻视这些微小的创意，也许它们就可以给你带来巨大的财富。只要你勤于思考，勇于尝试，就会有不俗的表现。

然而，再好的想法创意都是需要尝试的，在尝试一件事情之前，不要急着去否定它，只要有了新鲜的想法，就应该去试一试，只有行动才能带给我们足够的财富。如果像人们说的"晚上想了千条路，早上还是走老路"，那就不可能有任何的进步，更不可能奢望积累更多的财富。

创造财富一定要勇于尝试，不断找出自己可以改变的地方，找出目前做事方法的不足，然后试着进行改造，也许就会产生新的创意。

美国摩根财团的创始人摩根原来并不富有，夫妻二人仅靠卖鸡蛋维持生计，但聪明的摩根善于观察、善于思考，他看到人们总是喜欢买妻子的鸡蛋，弄明白了原来是人们眼睛的视觉误差，使自己大手掌中的鸡蛋显得小了。于是他立即改用浅而小的托盘盛鸡蛋，果然销售情况有所好转。但他并没有因此而停止思考研究，既然视觉误差能够影响销售，那经营的学问就更大了，于是他对心理学、经营学、管理学等进行了研究和探讨，终于创建了摩根财团。

对于成功来说，有创意固然重要，然而更重要的则是敢于尝试的心。年轻人如果怕这怕那，总是囿于自己原本的见识，不敢冲出自己的生活圈子，总是害怕自己的生活会变得更苦，那么他永远都不会与财富有缘。大部分成功的人士，都曾经冒过一定的风险，当过第一个吃螃蟹的人。俗话说，"富贵险中求"，安安稳稳的生活注定是不可能与财富结缘的。

只有善于思考，对自己的想法勇于尝试的人，才可能取得更大的成功。就算你的想法并不是那么完善、成熟，你也可以进行尝试，然后在实践中完善自己的想法。没有任何一件事情是在一开始就非常顺利的，如果你不进行尝试，只会与成功无缘。

登门槛效应

不断进取，一步步跨越提升的台阶

现实生活中，很多人的人生都是凑合出来的，他们对于每天的衣食住行凑合，对于生命的选择稀里糊涂，对于爱情也可以委曲求全。到底他们的人生是用心过出来的，还是随随便便胡乱凑合出来的呢？当然是后者。这样的人生只是听一听就让人觉得"食之无味，弃之可惜"。把好好的人生变成这样，不得不说是让人悲哀的。

在前几年热播的电视剧《何以笙箫默》中，男主角的一句话瞬间戳中追剧人的心：如果世界上曾经有那个人出现过，其他人都会变成将就，我不愿意将就。虽然这句话中没有任何与爱有关的字，但是平实的语言却给人带来透彻心灵的温暖。的确，面对无奈的人生，面对残酷的现实，面对故意捉弄我们的命运，我们还能怎么办呢？如果不能奋起抗争，不能果断坚持，那么就只能凑合。一次又一次的凑合，让生命在不断流逝中渐渐褪色，一次又一次地将就，看似对眼下的人生没有太大的影响，实际上却因为积累而深深地伤害了人生。

每个人都应该更在乎内心的感受，而不要总是把所谓的形式放在第一位。人生也从来不是用来凑合的，凑合的选择不是对人生宽容，而是对自己懒惰的宽容。唯有努力认真生活的人，才能得到生命的馈赠，才能在生命之中有更好的表现和更大的发展。反之，凑合的人生必然越来越平庸。这就像是学生们在考试之前给自己制订目标，那些奔着一百分去的学生，至少也能考个九十分，而那些只想及格的同学，则总是每一科都很差。

对于学习，我们不能将就，因为现行的高考政策仍然是寒门学子最主要的改变命运的方式，因而我们必须以成绩为自己代言，以努力为自己加分；对于工作，我们不能将就，因为一点一滴的付出，都会给人生不一样的收获，将就固然能一时欺骗别人，却不能长久地欺骗自己；对于爱情，我们不能将就，就像何以琛说的，也许原本是可以将就的，因为根本就不知道爱情的样子，但是在遇到对的人之后就不能将就了，因为一切的将就既是对自己不负责，也是对他人不负责。既然人生之中事事都不能将就，时时都不能将就，我们又该怎么做呢？

不管你对人生的标准和要求是什么，你都必须做好一件事情才能应对复杂的情况，那就是不断地突破自我、超越自己，从而真正提升和完善自我。然而，现实生活中很多人都不明白这个道理，他们不懂得唯有提升自我才是从根本上解决问题的办法，而是盲目跟着形势去改变，最终使自己混乱不堪，不知所措，也让自己焦头烂额，对人生失望至极。朋友们，面对人生一定要坚定不移，要理智从容，这样才能享受人生。

踩着失败的阶梯不断进步，才能在人生的道路上不断攀升

很多人在人生之中遭遇了很多事情，但是那些事情如同过眼云烟，很快就在他们的心中消散了。正所谓"雁过留声，人过留名"，如果事情发生之后和未曾发生一样，那么对于人生还有什么意义呢？因此，遭遇过一些事情后，我们要有所反思、有所收获，才能在事情发生之后有所进步。也许有些朋友会感到很疑惑，不是说要学会忘记吗？为何又要抓住曾经发生的一切不放呢？的确要学会忘记沉重的过往，然而这与我们在事情发生之后及时地反思并不冲突和背离。

常言道，失败是成功的阶梯。一个人之所以能够在人生的道路上不断攀升，就是因为他们能够从失败中汲取经验和教训，也能够踩着失败的阶梯不断进步，提升和完善自我。和得到了什么相比，其实遭遇什么并不是最重要的。因为遭遇的一切都已经成为历史，只有从中汲取经验和教训，才能使失败得到升华，成为未来进步的推动力。

对于有些事情来说，重要的是过程，而对于另外的一些事情来说，重要的是结果。人生是一次没有归途的旅程，所以过程很重要，结果也很重要。我们不能不顾一切就奔向人生的终点，也不能因为过程中小小的不如意就觉得人生无望，因而陷入被动之中。对于人生而言，哪怕失败了，也比毫无作为要好，至少失败能够告诉我们哪条路行不通，让我们在下次尝试时可以避开那条路，这也是一种收获。常言道，处处留心皆学问，面对人生，不管是失败还是成功，我们都要淡定从容，从而努力学习、吸收，也努力渗透，渐渐地参悟人生中的喜怒哀乐，也看淡人生中的悲欢离合。

很多朋友都看过龟兔赛跑的故事，原本慢慢吞吞的小乌龟之所以能够战胜兔子，就是因为它从不放弃，也不管自己比赛的过程中爬得有多慢，它始终在坚持不懈地前进，最终反而赢得了比赛，让小兔子追悔莫及。人生途中，我们也许不是遥遥领先的那个，甚至还会因为各种突发的情况导致暂时落后，这一切都没关系，因为人生不是百米冲刺，而是马拉松长跑。只要坚持不懈，我们总会扳回一局，甚至成功逆袭。当然，也有可能我们就是那只兔子，但是千万不要像兔子一样骄傲。如果你因为外界的干扰，或者因为骄傲自大而忘记了自己的初心，那么你此前的努力就会付诸东流。这种情况下，岂不是赔了夫人又折兵，导致人生毫无成就可言吗！一切都告诉我们，过程固然重要，但是结果也非常重要。这正应了本文的主题，遭遇了什么不重要，重要的是我们能从遭遇中反思，学到一些东西，总结人生的经验。

在整个华尔街，没有人不知道花旗集团的首席财务官兼执行总裁克劳切特。然而大多数人都不知道的是克劳切特在获得成功之前曾经遭遇了很多艰难坎坷，甚至在上任之初也被人质疑和否定。毫无疑问，这些都是人生中的打击，换作别人也许会感到非常沮丧，甚至没有信心和勇气继续向前，但是克劳切特却相反，外界的压力越大她就越坚强，最终成了华尔街上一朵铿锵有力的"铁玫瑰"，名声远扬，粉丝无数。

克劳切特的童年并不幸福，她长相平平、笨手笨脚，还曾经因此被很多同学嘲笑。然而，默默无闻的童年并没有使克劳切特对自己失去信心，相反，她在经历了自卑又自闭的一段人生后变得非常努力，只为了证明自己的实力。在此过程中，母亲的支持也帮助克劳切特重新树立起信心，使她坚定不移地继续努力，完全不在意他人的眼光。渐渐地，克劳切特找回了自信，学习上也取得了进步。直到1994年，当她下决心成为研究分析师时，却遭到了华尔街上所有公司的拒绝。为了避免她错过拒绝的邮件，美邦公司甚至接连发了两封拒绝邮件。在短暂的沮丧之后，克劳切特依然毫不气馁，继续努力，最终她成为华尔街的"铁玫瑰"，活出了比大多数人都更精彩的人生。

现实生活中，相信很多人也会有和克劳切特一样的烦恼，甚至在很长一段时间里都自我否定，根本不知道自己要如何做才能实现人生的价值。在这种情况下，再加上他人的否定和嘲讽，必然使他们的信心被打击得丝毫不剩。然而，不经历风雨怎能见彩虹，越是艰难的时刻，越能够凸显人生的本色。所以朋友们，不要再为并不能代表什么的结果而耿耿于怀，唯有释然开怀，奔向更加远大的目标，我们才能避免舍本逐末，也才能更好地面对人生中的各种过往。

一步步坚持下来，你才能品尝成功的果实

现代社会有一句流行语，即请人吃饭，不如请人流汗。不知道从何时开始，人们越来越关注健康和养生，从最初的把吃喝作为首要，到现在把健身运动和流汗排毒放在前面，这不但象征着人们观念的更新，也象征着社会的发展和进步。在现代社会，人们知道健康的身体是"1"，其他的一切都是"0"。如果没有"1"作为基础，那么人生哪怕得到很多也终究会归零。由此可见，身体健康多么重要。

现在的综艺节目中，有些节目是关于减肥的。看着那些体重超标好几倍的肥胖者艰难地运动，哪怕一个仰卧起坐也不能坚持完成，让人在欢笑之余不由得流出眼泪。还有些年轻的女孩原本对于爱情有着无限的憧憬，却因为身体肥胖的原因总是深受打击。为了奔向幸福美好的前程，也激励自己鼓起勇气面对一切，她们决定要开展比赛，从而让减肥进度更加顺利。最终，她们不但战胜了肥胖，也战胜了自己的内心，突破了心中的囚牢，做到坦然从容地对待这个世界。

朋友们，任何时候都要重视自己的努力。归根结底，你在今天流的汗水和泪水，会为你美好的明天奠定基础，从而让你在未来的人生中获得巨大的收获。也许有些朋友会质疑那些真人秀节目夸大了事实，创造了夸张的效果。的确每一档电视节目都需要提高收视率，才能更好地生存下来，而作为节目的创造者，能够如此不遗余力地做好一档节目，原本就是值得我们钦佩的。尤其是作为真人秀节目，不但不能精修照片，还要公开真实的数据以记录每一个成员在减肥之路上的进展，的确使人感到切实的压力。每一个肥胖者要想拥有美好的未来，就必须对自己足够"狠"，哪怕不能在最短的时间内使自己瘦成一道闪电，也要提起自己的精气神，让自己尽情享受人生的自信从容。

现实生活中，很多朋友看到他人的成就除了会惊讶和羡慕，还会抱怨命运不公平，没有给予他们同样的好运，使他们也能轻而易举获得成功。实际上，这个世界上没有任何人的成功是一蹴而就的，天上也从来不会掉馅饼。我们与其羡慕他人的成就，不如反思自身是否也能够像他人一样付出，甚至能够比他人更努力。如果答案是否定的，如果在他人坚持努力的时候你却在纵情玩乐、悠闲自得，那么请马上停止抱怨，因为不曾努力的你根本无权要求获得任何结果。如今有很多人为自己制订了跑步的计划及健康的饮食计划，但是真正能坚持下来的人却少之又少。想要拥有同样的好运，就不能只是羡慕他人，而是要切实展开行动，而且坚持去做，从而最大限度发挥自身的实力，让自己赢得命运中最大的收获。古人云"不积跬步，无以至千里，不积小流，无以成江海"。任何伟大的成就，都是由点点滴滴的努力汇聚而成的。所以不要看不上那些零碎的时间，也不要觉得小小的努力无关紧要，也许你今天迈出的小小一步就会成为让你的人生获得成功的关键一步，关键在于你必须坚持，且决不放弃。

对于努力，很多人都存在误解，他们迷信所谓的"种瓜得瓜种豆得豆"，实际上，努力未必有收获。那么，我们就可以以此为借口不再努力了吗？当然不是，因为努力了未必有收获的后一句是：如果不努力，就不会有任何收获。既然如此，我们为什么不努力呢？又有什么资格在不努力的情况下奢求回报呢？所谓英雄不问出处，面对人生，我们也要"付出不计收获"，这样才能让努力得到回报，哪怕得不到对等的回报，至少我们也体悟到了人生的艰难辛苦，加深了对人生的理解和感悟。

主动出击，将困难踩在脚下

众所周知，好的机会久等不来，转瞬即逝。其实，机遇到来的方式多种多样，偶尔守株待兔的人也能得到机遇，但是这样的机遇少之又少。更多的时候，我们必须主动出击，创造机遇，才能成功地把握机遇并主宰人生。

毋庸置疑，机遇对于一个人的成功至关重要。古人云，天时地利人和，其实说的就是机遇到来的必要条件。假如一个人能力很强，准备工作也进行得非常充分，但是始终得不到机会表现自己，那么他就会被埋没，无法展示自己的才华和能力。就像神机妙算的诸葛亮，草船借箭的时候，哪怕准备万全，也必须等到大雾漫天，才能借助浓雾借来一船又一船的箭。这浓雾，就是诸葛亮千载难逢的好机遇。当然，这是大自然赐予的机遇。现实生活中，我们无法像诸葛亮一样做到神机妙算，更不可能精确掌握浓雾产生的时间，再加上我们需要的机遇并非大自然所能提供的，所以我们除了被动地等待，更要主动创造机遇，及时抓住机遇。

第二章 登门槛与人生突破：一步步迎难而上，才能获得命运的垂青

机遇并不会大张旗鼓而来。在生活和工作中，我们一定要细心，才能通过认真细致的观察找到机遇出现的蛛丝马迹，从而做好准备，迎接机遇的到来。人们除了会因为粗心或者准备不够而错失机遇，还有些人即使面对机遇，也会因为瞻前顾后而无法抓住机遇。当然，未雨绸缪、思虑周全是完全有必要的，但是如果面对机遇时瞻前顾后，始终拿不定主意，导致自己错过千载难逢的好机会，无异于错过了自己的人生。遗憾的是，现实生活中有很多人习惯于放弃机遇，在机遇面前徘徊不定。他们或者是因为害怕，或者是因为欲望太多，导致不能在短时间内做出取舍。所以，我们除了要让自己鼓起勇气、勇往直前外，还要端正心态、懂得取舍之道，这样才能最大限度地发挥自身的主观能动性，抓住机遇，创造辉煌的人生。

东汉末年，15岁的诸葛亮为了躲避战乱，和家人一起离开老家山东，隐居到湖北襄阳。17岁时，诸葛亮隐居在位于襄阳城西的隆中。他虽然年纪不大，但是胸怀大志，时常以春秋时期大名鼎鼎的政治家管仲自比。为此，他一边在隆中隐居，一边亲自耕种，还用大量时间读书，静观天下之变，只待合适的机会出山。为此，人们都赞誉他为"卧龙"。

当时，军阀之间结束混战，天下大势已定。曹操势力强

大，占据中国北方；孙权占据江东，势力略逊于曹操。除此之外，刘表、刘璋等军阀也各占一方，刘备虽然也有自己的军事集团，但是他数次被曹操打败，没有自己稳定的统治区域，只能不停辗转，打游击战。为此，刘备求贤若渴，想去隆中请诸葛亮出山辅佐自己成就霸业。见到刘备之后，诸葛亮分析天下时局，有针对性地提出策略，这就是历史上赫赫有名的"隆中对"。刘备三顾茅庐，对诸葛亮诚意十足，诸葛亮就借此机会出山，成就自己。

果然，在诸葛亮的全力辅佐下，刘备联合孙权一起对抗曹操，在赤壁大胜曹操，从而趁机夺取荆州，占领四川，攻下益州，由此形成魏、蜀、吴三国鼎立的局面。

对于刘备三顾茅庐，如果诸葛亮始终推托，那么不但刘备无法成就大业，诸葛亮也会继续潜伏隆中，没有舞台施展自己的才华和能力。刘备的三顾茅庐不仅成就了自己，也成就了诸葛亮。由此可见，当我们发现机会出现在眼前或者来到身边时，要毫不迟疑地抓住，施展自己的才华，让自己出类拔萃。否则，随着时间流逝，人才辈出，即便你想出人头地，难度也会加大。

在面对机会的时候，我们当然要慎重思考、思虑周全，但是如果确认眼前的机会千载难逢，我们一定不能犹豫，要坚决果断地在第一时间做出选择。否则，如果我们习惯了放弃机会，也就相当于习惯了放弃自己，可想而知，我们的人生必然默默无闻，根本没有任何值得炫耀和赞赏的成就可言。

登门槛效应

有了挫折，我们的人生才会更加厚重坚实

人人都渴望成功，殊不知，成功的获得并非那么容易。大多数情况下，我们要想获得成功，就必然要不断努力、坚持付出。尤其是在人生遭遇逆境的时候，我们面对挫折和磨难时，到底是选择迎难而上，还是选择知难而退，最终对我们的人生将会产生很大的影响。现实生活中，很多朋友都仰视成功者，对成功者无比钦佩，甚至反问自己为何不像对方那样成功。其实，细心的朋友会发现，他们的成功并非偶然，他们的为人处世以及对待人生的态度，与失败者都是截然不同的。

很多成功者不但事业有成，而且把家庭生活经营得很好，不但家庭和睦，而且与爱人感情深厚。对于这样占尽天时地利人和的人生宠儿，也许有些朋友会感到愤愤不平，他们不知道为何那些成功者总是能得到命运的青睐，总是能够顺心如意。其实，朋友们，这样的看法是错误的。成功者并非因为得到命运的青睐才能顺风顺水，而是因为他们在战胜挫折的过程中越挫越勇，最终才能最大限度把握人生、主宰人生。

当然，人生不仅需要百米冲刺的爆发力，更需要跑完马拉松的毅力和韧性。人生不是百米冲刺，而是一场地地道道的马拉松。人生路上，有些人虽然能够获得昙花一现的成功，当时的确很辉煌，也惹人羡慕，而最终却因为缺乏毅力，导致人生急转直下。当然，这种情况之所以出现，原因是多种多样的，但是究其根本，我们不难发现，只有经历过挫折的人，他的成功才会变得更加坚实，他才能尽量避免人生的跌宕起伏。

关于挫折，成功者认为，挫折不仅是毁灭性的打击，也是人重生的机会。尽管遭遇挫折的时候我们发自内心地感到痛苦，但是当我们最终超越挫折时，我们的心就会变得更加坚强，我们的人生也会变得丰盈厚重。就像人的身体在打完疫苗后会产生免疫力一样，经历过挫折的人也会具备对人生的免疫力，因而总是能够坦然面对人生的诸多情况，从而更有可能获得成功。所以我们说，没有经历过挫折而得到的成功总是不够坚实，唯有经过挫折的历练和捶打，成功才会更加可靠和长久。

我们只有勇敢地面对挫折，在磨难面前表现出自身的实力，才能更加勇敢地面对人生，发挥自己的潜力，成就人生。

朋友们，从现在开始，再也不要把挫折与磨难看成是人生的绊脚石，我们唯有正确对待挫折和磨难，并坚定勇敢地面对人生，才能成功提升和完善自己，获得属于自己的成功。要知道，挫折并不可怕，有了挫折的沉淀，我们的成功才会更加厚重坚实，我们的人生才会更加精彩、辉煌。

第三章

利用登门槛效应拒绝他人:说"不"也要讲究原则和方法

善于拒绝，更要懂得拒绝

拒绝他人也要讲艺术，需要告诉对方自己的理由，而且要态度真诚，明确地把自己的难处和苦衷告诉对方。同时，在拒绝时需要干脆利落，避免磨磨蹭蹭，犹豫不决，更不要模棱两可，拐弯抹角。古希腊哲学家毕达哥拉斯说过："说最短、最老一字'好'或'不'，都需要做最慎重的考虑。"当我们经过认真考虑，认为某件事是不恰当的，不妨坦率地说声"不"，否则会让自己陷入被动局面，这对人对己都是非常不好的。如果一个人不会说"不"，这是人际交往时心理脆弱的表现。他们在拒绝别人时存在一定的心理障碍，他们总害怕拒绝会给对方造成一定的伤害，或者自己会因此而失去这段和谐的友情。所以，最后总是委屈自己，成全别人。然而，在长时间的累积中，这种害怕会给自己的心理施加不必要的压力，更有甚者还会转化为心理疾病。所以，为了避免这种情况发生我们要善于拒绝，懂得拒绝。

登门槛效应

苏苏在公司市场部工作，她可以说是拒绝的高手。她在拒绝对方的请求之前，总是会很认真地倾听对方，尽可能弄清楚对方的真实意图，然后提出几个解决方案，从而把自己从不必要的责任中脱离出来，同时也帮助对方解决了实际的问题。

有一次，公司要开一场新产品发布会，在发布会上宣讲和演示公司的新产品，发布会上还会大规模设置展台，让许多合作厂商展示自己的相关产品。由于公司的广告预算比较高、公关手段强大，所以媒体号召力和影响力都比较巨大，如果合作厂商的产品被公司作为演示产品，或者被安排在展示区比较醒目的位置，无疑是给这家公司做了一个很好的广告宣传，所以为了展示自己的产品，这些合作厂商争执不休。

最后，有两个战略合作经理为了给各自负责的合作厂商争发布会上的显眼位置，都来与市场部负责新品发布会的同事提出要求，希望将他们负责的厂商放在最显眼的位置，但是最显眼的位置只有一个，给哪一个都会让另外一个心生怨言。让市场部的同事感到为难的是，这两位战略合作经理与部门关系都不错，平时做产品推广时经常需要这些人的配合。两个人的请求不能都同意，也不能都拒绝，更不能敷衍了事，最好不要得罪任何人。

面对这个棘手的问题，苏苏处理得很好，她没有直接回答行不行，而是先抛出几个问题。她问："你们参加这次新品发布会的厂商就这两家吗？"对方回答："当然不止这两家，十几家呢，不过这两个厂商比较重要！"苏苏问："你们部门衡量合作厂商重要性的依据是什么？"对方回答："当然是从跟我们进货的数量、推广配合度以及他们自身的知名度几个方面综合考虑！"苏苏问："那你们部门有没有按照这些数据，生成一个合作厂商的优先支持排序表呢？"对方回答："当然，每个季度都会根据他们的表现及时更新。"

苏苏说："那么上个季度你们是如何安排的呢？这个季度是否有需要调整的呢？我们在展示区肯定会特别突出那些排序靠前的厂商，你们先统计一下部门所有合作厂商参展的设备数量以及配置，再按照部门都认可的厂商排序表在展台上标注各个展位的名字，然后通知相关部门的相关人员，请大家提出意见，之后上报法律部，检查是否存在法律上的隐患，不要将之前有矛盾的厂家放在一起。这样如何呢？"对方只好点头应承下来。

既然有了公平的衡量机制，问题自然得到了解决。

拒绝时，不应只说"不"，也不应模棱两可，而是要积极客观地解决问题。在平时交际中，许多人不知道该如何拒绝别人的过分要求，不管是上司还是朋友提出的请求，往往会碍于情面违心地应承下来，然后又很勉强地去完成，最后给大家留下不守信用的印象。

在日常交际中，每个人都常常需要拒绝别人或者被别人拒绝，然而人际交往中的拒绝不是一般的拒绝，应在拒绝中展现个人品德以及自我修养。在通常情况下，拒绝应该遵循以下的一些原则。

1. 照顾对方的自尊

每个人都害怕自己被拒绝，所以在拒绝对方的时候，需要照顾到对方的自尊心，这样可以避免双方关系变得紧张。具体的方法就是，我们在拒绝之前，需要先称赞对方的优点，然后说出自己的想法。毕竟人是情感动物，有着强烈的自尊心，所以在拒绝对方时需要遵循这个原则。

2. 以情谊来说服对方

在拒绝时如果想让自己的意见不引起对方的反感，我们最好是让对方明白：我是你最忠实的朋友；我并不强迫你接受反对的意见；我是最关心你的人；我是从你的长远利益来考虑的。

3. 给对方留下退路

当我们需要拒绝那些自以为是，总喜欢坚持自己意见，始终认为自己非常高明的人时，需要认真考虑。首先，我们要将对方的话从头到尾再听一遍。我们认真听完对方的话后，再决定怎么样去拒绝和说服对方。有时候，我们不否定对方看法的方式反而会赢得对方的认可。因为在拒绝前，我们已经给对方留下了退路。

4. 道出实情

我们在拒绝对方时，如果希望与对方保持良好的人际关系，就要采取真诚的语气，坦诚地讲明拒绝的理由。许多人在拒绝对方时，由于感到不好意思，不敢道出实情，导致对方搞不懂自己的真实意图，而产生一些误会。实际上，在日常交际过程中，必要的拒绝是每个人都会遇到的，所以不要觉得不好意思，若是含含糊糊、模棱两可，反而容易引起别人的误会，造成彼此关系的破裂。

说点客气话，也是一种拒绝的"门槛"

在日常交际中，若对方是初次见面的陌生人，我们会使用较多的客气话以此拉开彼此的距离。适当的客气话可以展现一个人的修养与素质，但过分地使用客气话，就会阻碍彼此产生亲近感。然而，在某些时候，我们却可以通过说过分"客气礼貌"的话来拒绝与别人进一步交往，故意拉开彼此的距离，令对方主动退却。例如，如果你到一个朋友家里，朋友却对你异常客气，你说一句话，对方只会"嗯""啊""哦"来回答，甚至和你说话时也是满口客气话，唯恐你不高兴，担心会得罪你，这样你一定会觉得如芒刺在背，坐立不安，甚至想逃离这个地方。其实，这就是过分客气的话达到的效果。当然，朋友可能并不是想以此来疏远你，而是客气话运用得不恰当。如此一来，我们却可以从中得出一个结论，当你不想与某人继续交谈下去的时候，不妨以"客气礼貌"的话来令对方自退。

偶尔说一些客气话，会成为你的社交利器。比如，当你成为主人的时候，客气话会成为最好用、最高明的逐客令。客气话比大骂一顿更奏效,如果你怕对方会干扰到你,就拼命地跟他说客气话,临走时别忘了请他"有空再来",他是绝对不会再来的。

小王是一位十分帅气的男孩,他在一家美发店工作。由于长相出众,许多女孩子都慕名而来,成了他最忠实的顾客。可是,小王自己却吃了不少苦头,他明明有女朋友,但许多女顾客还是屡屡向他求爱,甚至在深夜还会给他发一些内容暧昧的短信,女朋友为此与他冷战了很长一段时间。为了与那些女顾客疏远,小王开始频繁地使用客气话,如"好的""非常感谢您的惠顾""您慢走"。他连经常上门的老顾客也不会少讲一句客气话,这样的客套让许多女顾客感觉不到亲切感,甚至觉得小王的态度有些冷淡。于是,在每次做完头发之后,那些之前向他示爱的女顾客都很有礼貌地与他告别了。过了一段时间,小王就再也没有收到过内容暧昧的短信了,他和女朋友也和好如初。

在交际中过多地使用客气礼貌的语言,可以为你"赶走"一些不喜欢的人。因为客气的语言会让对方感到生疏,继而感受到一种心理压力,最后使他不得不选择退却。如果你不想与对方继续交谈下去，不妨使用客气的语言，通过语言暗示对方"我不愿意与你交谈下去"。当然，如果是熟识的朋友，客气话就不能说得太多。

习惯于说礼貌客气的话，实际上会给别人一种心理暗示："我们有一定的心理距离"，或者"我不愿意与你继续交谈下去"。大多数人都有这样的经历，只有在面对陌生人的时候，我们才会多出那么多客气礼貌的话，而对于那些熟悉的朋友，我们会自然地省去这些繁文缛节。谈话的目的在于沟通双方的感情，当你不想与对方继续交流下去时，就可以在你们之间建立一堵"墙"，而客气礼貌的话恰好可以达到这样的效果。这样一来，对方只能隔着墙与你进行一些简单的敷衍酬答，他最后就会选择主动离开。

1. "公式化"的客气话

为了使对方能够主动退却，你要选择那些十分刻板的客气话，比如"久仰大名，如雷贯耳""贵店生意一定兴旺发达""小弟才疏学浅，还要请阁下多多指教！"当你说出这些公式化的客气话，对方很可能会主动闭嘴。

2. "夸张"的客气话

当同事倒了一杯茶，想以此讨好你的时候，你可以故意夸张地说："呵，谢谢你，真对不起，不该这点小事也麻烦你，真让我过意不去,实在太感谢了……"这可以让对方领会到你的"敷衍"之意。

3."流水般"的客气话

为了展现出你"敷衍"的态度,在说客气话时要像背书一样流畅。另外,还需要增加一些身体语言,比如,过度地低头作态,以"不雅观"的动作来展现自己的"虚假",令对方主动退却。

拒绝得恰到好处，能维护好对方的面子

人活在这个世界上，总会遇到一些这样的情况：自己的同窗好友或者同事，相处的时间长了，就会找自己帮忙。如果自己可以做到那么应该尽全力去做，但假如对方所提出的要求很过分，自己办不到，或者说不是我们个人力所能及的，那就需要拒绝别人，而不是硬撑。生活中总是有很多人被诸如此类的问题困扰，不知道该怎么办，明明知道这些事情办不好，但又害怕因此而伤害了友谊只能勉强答应下来。那么，如何才能做到既拒绝又不伤害对方呢？最有效的办法就是给对方一个台阶下，以此维护好对方的面子。

"无论什么事情只要交给小安，我就放心了。"小安进入公司两年，这是领导经常挂在嘴边的一句话。刚开始小安很高兴，但时间一天天过去了，领导交给她的工作任务越来越多，小安经常听到这样的吩咐"小安，这个方案你负责一下""小安，这个客户你去接待一下""小安，这个项目人手不够，你

也参与进来"。

小安手里的事情多得做不完,但身边的同事有时间发呆,薪水却并不比自己少多少。小安心想,也许自己再忍忍就会有升职加薪的机会,但每次到了升职加薪的时候,机会总是从小安眼前溜过,到了别人的口袋里。后来,小安也从人事部的老同事嘴里得知,关于自己升职的事情中层主管会已经讨论过很多次了,每次都被领导否决了,说小安虽然业务能力不错,但管理能力不足,需要再锻炼锻炼。老同事说:"你想想,如果你升职了,他上哪儿去找这么任劳任怨的下属呢?"

小安觉得自己一定要想办法拒绝领导了,可是该如何拒绝呢?这天,领导又开始吩咐:"小安,下班后先别急着走,有一个案子还需要你负责一下。"小安脱口而出:"不好意思,领导,今天我妈妈从老家过来了,五点半的火车,我得去接一下,您也知道,老年人嘛,手脚不太方便,我可不放心她跟那些身强力壮的人在火车站挤,而且我妈妈她也不认识路,我必须得去接她。"领导似乎很理解,挥挥手说道:"行,那你早点回去吧,案子的事情我让别的同事负责。"

在案例中,小安找了一个老掉牙的理由——接人,虽然这算是一个好"台阶",暂时不会被领导看出来,但下一次再接到领导加班的要求时怎么办呢？如果领导意识到自己被下属欺骗了，那结果会更糟糕。对此，作为下属一定要在拒绝领导时，找一个最恰当的理由，给领导一个更好的台阶下。

1. 找个好理由给对方台阶下

其实，拒绝时给对方一个台阶，也就是我们需要找个好理由。通常我们在拒绝时都会阐述一些理由，而这样的一些理由要是充分且合理的，否则对方会感觉到你的不真诚。如果没有好的理由就拒绝，我们明显会表现出支支吾吾的状态，不足以让对方理解，最终有可能会导致双方关系破裂。

2. 明确说出自己的想法

在拒绝过程中，拒绝对方要开诚布公，明确说出自己的理由。如果你在已经找好理由的情况下，还是采取模棱两可的说法，就会使对方摸不清你的真正意思，而产生一些误会，这也很容易导致关系破裂。

3. 照顾其自尊

给对方一个台阶下，其背后的意思是需要照顾其自尊，拒绝尽量在不伤害对方的前提下进行。所以，当我们拒绝的时候，不要只针对一个人，比如，面对推销员上门推销，你可以这样说"我们公司已经与某某公司签订了长期供给合同，公司里规定不能使用其他公司的原料，我也是按规矩办事"，由于你说的是以公司为单位，并不针对他这个人，他也不会埋怨你，他也不会受到多大的伤害。

4. 在拒绝之前了解对方的想法

我们在说"不"之前，要让对方了解你拒绝的苦衷和歉意，拒绝的语言要诚恳、温和。当对方向你提出要求的时候，他们心中通常也有些困扰或担忧，所以你在拒绝之前应该先倾听。请对方把他的需要与处境讲清楚一些，你也能知道自己该如何帮他，而且倾听能让对方有被尊重的感觉。当你在婉转地拒绝时，也能避免伤害到对方。

以"戴高帽"的方式拒绝，是一种情绪补偿

有时候，我们用"戴高帽"的方式，也可以达到巧妙拒绝对方的目的。通常情况下，一个人被拒绝之后，心里会产生落差，他会觉得自己的言语或行为遭受了否定，甚至会有一种被遗弃的感觉。在这时，他急需要一种愉悦的情绪进行弥补，填补内心的落差，如果你在拒绝对方时，再加上几句对其赞美的话语，那将是非常完美的。在这个世界上，每个人都渴望受到他人的赞同与认同，即便自己的某些要求被拒绝了，但自己的另外一些方面受到了别人的赞美，那何尝不是遭受拒绝之后的一种补偿呢？

早上，熬了一个通宵的王女士还没起床，就被一阵敲门声吵醒了。她很不耐烦地起来，胡乱穿了一件睡衣就开了门，只见门外站着一个十七八岁的女孩子，正犹豫着要不要继续敲门呢。王女士上下打量了对方一番，发现这个女孩子穿着随意的T恤牛仔裤，手提一个袋子，袋子封面上有某化妆品的字样，

一看这架势,应该就是上门推销的。

王女士有些不耐烦:"大清早的,怎么就上门推销东西了?"那女孩子态度很谦和:"不好意思,姐姐,打扰你了,我是某某公司……""姐姐?"王女士看着邋遢的自己,好像还把自己看年轻了,那女孩子谦逊的态度,让王女士不好意思拒绝,但是她平时最讨厌这种上门推销的业务员。她一边听那女孩子说产品,一边开始考虑到底该怎么拒绝。

不一会儿,那女孩子就介绍完了产品,然后试探性地问:"姐姐,你平时用化妆品吗?"果然,马上就转到正题了,王女士摇摇头说:"我每天都很忙,哪里有时间去护肤呢,不过,说实在的,我可是很羡慕像你这样年纪的女孩子,皮肤好,身材好,那可是我做梦都想回去的年纪,可惜已经回不去了。"女孩子害羞得红了脸,说道:"其实,姐姐看起来也很年轻的。"王女士笑了笑,说道:"像你这样的女孩子就是好,我的女儿也就你这般年纪,现在正在上大学,青春真是无限好,如果我女儿在家就好了,估计她会对你的化妆品感兴趣,可是现在我的女儿不在家,像我这样的老太婆已经用不着了,下次我女儿回来了,一定欢迎你上门推销,好吗?"没想到这样一说,那女孩子一点也不泄气,反而很有礼貌地说:"不好意思,姐姐,打扰你了,再见!"说完,就告辞了。

063

在案例中，王女士想拒绝上门推销化妆品的女孩子，但看着对方谦和的态度，又不忍心拒绝，怎样拒绝才不至于让对方难以接受呢？她打量了那个女孩子以后，发现对方跟自己女儿差不多，于是她先是赞赏了对方值得羡慕的年纪，这样"戴高帽"立即给对方带来好心情，然后再适时拒绝，这样对方就会很容易接受了。

1. 让对方产生优越的感觉

"戴高帽"，其实就是赞美，或者说夸赞，将别人的地位无形之中抬高，让他有一种优越的感觉，进而有效地弥补其遭受拒绝之后的心理落差。

2. 人其实是容易满足的

人总是这样，当我们重新拾回一个苹果时，即便我们已经丢失了一个橘子，但内心还是会非常愉悦，我们总是着眼于自己眼前的东西，我们也总是容易满足。因此，当我们不得不对他人所提出的要求进行拒绝的时候，即便这样的拒绝对于他人来说是难以接受的，但若是适时说几句好话，那定会给对方带来惊喜。

3. 先抬高对方，再拒绝

在生活中，虽然我们都知道拒绝是应该的行为，但同时我们都害怕拒绝别人，也害怕被人拒绝，无论是处于哪一方，都将会遭受消极情绪的折磨。在这样的情况下，为什么不能将拒绝变换一种方式呢？就好像一个看起来平常无奇的三明治，中间却藏着许多美味的蔬菜，那该是多么大的惊喜。所以，我们要善于用抬高的方式来拒绝别人。

先感谢再拒绝,是"门槛"更是"台阶"

拒绝别人的要求,直接说出"不"字来,总会让我们感到很为难。答应的话,自己办不到,不答应又怕伤害别人。当我们束手无策、进退两难的时候,可以先由衷地感谢一下对方的好意,传递出真挚的感谢,再委婉地拒绝,这样就能起到很好的效果。

赵敏自己办了一家服装厂,经过多年的打拼终于形成了一定的规模,不仅在国内市场上打开了一条销路,并且还有许多产品销往国外。服装厂的效益好了,自然就有不少人愿意到她的公司去工作。除了络绎不绝的应聘者,还有不少人找熟人托关系,希望能够在她的工厂里求得一个职位。

这一天,赵敏的一个老朋友给她打来电话,说想要给她推荐一个刚刚从服装学院设计系毕业的人才,问她是否愿意接受。正准备再次扩大规模的赵敏当时很需要一些专业的设计人员,而且这位朋友和她的关系又不一般,于是就爽快地答应让那个服装学院毕业的学生来面试。但是，面试的结果让赵敏感到非常失望，对方根本不像朋友说的那样是一个人才，而是一个地地道道的门外汉，就连基本的设计知识都不懂。

赵敏这一下子就犯难了，接受这个人吧，他明显不适合这份工作，不接受吧，又怕无法给朋友一个很好的交代。毕竟这位朋友在赵敏创业初期给了她很大的帮助。经过再三考虑，赵敏决定拒绝留用这位"人才"。但是，在做出这个决定的时候，她又在考虑如何跟朋友说这件事。

三天之后，赵敏高兴地给朋友打电话，说："非常感谢您给我推荐的这位人才，经过我们这里几个领导的商议，我们认为他非常有能力，只不过他所学的专业和我们的要求有着很大的差别，在我们这里上班我们自然表示欢迎，但是这样做的话只能限制他才能的发挥。我想还不如让他找一家对口的单位，找一个真正适合他的公司和岗位。我可以在我的朋友中问一下，看看有没有人需要这样的人才，您看好吗？"

朋友也是一个明白事理的人，听赵敏这么一说，心里便明白了，就很爽快地说："既然是这样，你就不要为难了，再让他去别的公司试试吧。"

赵敏在拒绝朋友推荐的人才时，并没有直接说不能用，而是先对朋友表示了一番衷心的感谢，这样就会让朋友和被推荐者感到十分有面子，对不能聘用的结果也不至于太反感。最后赵敏还说了一句"我在我的朋友中问一下，看看有没有人需要这样的人才"，这样就会让对方不会因没有被聘用而耿耿于怀，还会对她充满感激。

在生活中，我们可以采用先由衷地表示感谢，再委婉拒绝的方式来拒绝别人，做到既能坚持个人的观点，又不至于太伤别人的面子。具体来说，可以从以下几个方面入手。

1. 用感谢的方式消除对方的负面情绪

直接的拒绝虽然能达到自己的目的，但会招致别人的愤恨。在别人对我们提出要求的时候，可以给予提要求方亲切的表情和感谢的语言，这样就能消除对方被拒绝之后的负面情绪。比如，当别人的建议在你看来并不可行的时候，你可以说："你的建议实在是太好了，对我有很大的帮助，十分感谢你的帮忙，不过以我目前所处的形势，暂时还不能按照你说的去做……"

这样十分具有人情味的拒绝方式，既准确地表达了自己的观点，又能维护对方的面子，还能让对方在以后尽心尽力地去帮你做事，可谓是一举多得。

2. 当众表示感谢，私下说出拒绝理由

当别人在大庭广众之下对你提出一些要求的时候，千万不要直接回绝，那样会给提要求者带来很大的压力，他也会认为你是一个不懂人情世故的人，从而会产生和你断绝交往的念头。

当你感到无法接受别人提出的要求时，你可以当众表示欣然接受，说一些感谢的话，让提要求者感到十分有面子，然后再找机会和对方进行真诚的交谈，说出你的苦衷，表示实在不能接受他的要求，这样的话，对方就会把那些不恰当的要求收回，对你也不会产生任何不满。

第四章

登门槛效应与心理博弈：有缓冲有过渡，才能在心理较量中占据上风

修炼"厚脸皮",软磨硬泡让对方答应

人是感情动物,这一点不论时代如何改变都是亘古不变的。人总是容易感情冲动,很多时候也会受到感情的驱使做出决定,甚至改变原本的决定。常言道,"精诚所至,金石为开",在与人相处的过程中,我们在遭遇拒绝时,如果能够软磨硬泡,以顽强的"厚脸皮"最终打动他人的心,也许会得到意外的收获。

所谓人心都是肉长的,没有人能够脱离感情而存在于这个世界上。在人际交往中,一时遭遇拒绝没什么,毕竟从陌生到熟悉之间有着漫长的距离,需要我们用耐心、爱心去拉近距离。很多男人在追求心爱的女人时都会有这样的感受,即只要自己不那么让人讨厌,只要自己表现好且能坚持下去,那么就算是石头抱在怀里,最终也会被焐热的,更何况是感情细腻的女人呢?再看看女人们为何选择现在的爱人一起携手一生吧,真正一见钟情或者因为爱情结婚的也有,但是并不是全部。有很多女人选择终身伴侣,只是因为对方对自己很好,而且能够

坚持不懈，看起来值得托付。实际上，所谓的追求就是软磨硬泡，就是用自身的坚持不懈打动女人的心，让女人的心变得非常柔软，直到不忍心拒绝。当然，软磨硬泡不仅表现在对爱情的执着上，生活和工作中的很多方面，其实都可以用到软磨硬泡。诸如在销售行业，如果一旦被客户拒绝就马上退缩，甚至完全放弃自己的推销，那么这样的推销员永远也不可能成功。真正成功的推销员，除了具备超强的专业能力和职业素养外，软磨硬泡的韧性也是不可或缺的。

原一平小时候是人见人怕的小混混，整个村子里的人都对他避之不及，谁也没想到他长大成人之后居然能成为日本的"推销之神"，创造了闻名世界的推销神话。正是因为在村子里声名狼藉，不招人待见，原一平才在二十三岁的时候来到东京。走投无路的他，想要换个地方重新生活，开创属于自己的人生之路，获得自己的精彩人生。十二年之后，三十五岁的原一平成为日本保险界里首屈一指的人物，他这才衣锦还乡。

当然，原一平此次回乡并不仅是为了炫耀自己如今的成就，让人知道曾经被称为"混世魔王"的他早已不可同日而语，而是想去家乡开展保险业务。然而，他以前的名声实在太坏了，根本没有村民相信他，更没有村民愿意从他这里购买保险。原一平很清楚，自己必须得到在村子里德高望重的村长的支持，才能顺利开展业务。如今的村长，正是当年和原一平一起穿着开裆裤长大的小伙伴，但糟糕的是，这个村长小时候总是被原一平欺负。原一平当然知道要想让村长支持他是多么不容易，因而他也做好了心理准备，还准备了丰厚的礼物特意去村长家登门拜访。村长一看到原一平，就想起这个混世魔王当年的很多卑劣举动，因而直截了当地拒绝了原一平的邀请，坚决不参加原一平组织的保险知识学习班。原一平毫不气馁，次日再次提着厚礼去村长家登门拜访，村长依然拒绝了他，不过语气没有那么恶劣了。第三天，原一平毫不气馁，又来到村长家里，却被村长家人告知村长去了外村帮亲戚建造房屋。原一平那么聪明，当然知道自己又吃了闭门羹，不过这次他没有回家，而是放下礼物，就去了村长家人所说的那个村长亲戚家，还卷起袖子和村长一起帮助这个亲戚干活。

村长原本就没有那么容易相信原一平，又因为要对全村人负责，所以他必须更加慎重。为了找到机会和村长长谈，原一平每天天不亮就来到村子里，站在村长家门前，风雨无阻。最终，原一平感动了村长。可想而知，攻破了村长这个堡垒，全村其他人的工作就开展得非常顺利，堪称水到渠成，原一平自然又开拓了一个保险的市场。由此可见，原一平成为"推销之神"，完全是实至名归，而非浪得虚名。

从原一平的身上，我们不难看出软磨硬泡的作用。当然，这个策略不能滥用，否则就会招人嫌弃。唯有用得恰到好处，才能赢得他人的态度转变，获得他人的认可，从而达成自己的目的。在使用这个策略的过程中，必须要有足够的耐心，即使被拒绝了也不要气馁，而且要非常真诚，这样才能迎来最终的转机。在软磨硬泡的过程中，还要注意抓住适宜的时机，这样才能达到事半功倍的效果。

当然，使用软磨硬泡的方式并非是无限度的，如果我们已经花费了很多时间，而且发现对方绝无回转的可能，就不要继续下去，以免让人心生厌烦。此外，如果我们所求之事违背对方的原则，那么也不要继续软磨硬泡，而要尊重对方的选择，全身而退，赢得对方的尊重。总而言之，软磨硬泡并非适用于所有情况，要根据我们自身的情况和现实情况综合考量、灵活运用，才能恰到好处、事半功倍。

提问中层层推进，才能获得你要的答案

常言道，心急吃不了热豆腐，提问也是如此。很多人提问喜欢一针见血，殊不知只有在你了解对方喜欢开门见山，或者与对方关系非常亲密无间的情况下，你才能为了节省时间减少迂回曲折，从而一针见血地提出犀利的问题。如非这两种情况，倘若我们冒昧地提问，则一定会使提问显得唐突，即使再有意义，也很难得到对方的配合，甚至对方还会拒绝回答，迁怒于你。

假如你曾烹饪过，你就知道洋葱的芯隐藏很深，直接切开会使其层次全无，唯有一层一层地耐心剥开，才能最终找到洋葱的芯。在此过程中，也许洋葱的刺鼻味道会让我们流泪，但是我们必须想办法克服困难，付出足够的耐心。提问也是如此。毋庸置疑，每个人都会因为各种各样的情况，不得不"盘问"他人，从而得到自己想要的回答和必须了解的信息。需要注意的是，千万不要直截了当，否则会欲速而不达。明智的人会考虑到对方的感受，从而付出耐心，从浅显的问题开始

热身，一步一步加深问题的深度，最终问到核心问题。如此一来，不但能够给予对方足够的时间进行心理准备，也会因循序渐进地预热使得谈话的氛围水到渠成，提问也显得理所当然。

孟子进宫拜见齐宣王，问："听说您爱好古乐，这是真的吗？"

齐宣王有些羞愧，但也只能如实回答："我只是喜欢普通的音乐而已，并非爱好古乐。"

孟子说："普通的音乐和古乐都是音乐。您爱好音乐，齐国一定会越来越强盛。"

齐宣王不解地问："先生何出此言呢？"

孟子说："一个人欣赏音乐，与和很多人一起欣赏音乐相比，哪个更加快乐？"

齐宣王毫不犹豫地说："当然是人多的情况下欣赏音乐会得到更多的快乐。"

孟子说："既然如此，请允许我和您说说欣赏音乐的道理。假如齐国民不聊生，生活在水深火热之中，却听到大王的宫殿里传来美妙的音乐声，他们一定会愁眉不展，怨声载道：'我们生活如此愁苦，我们的大王却整日赏乐作乐，这是为何呢？'其实原因很简单，就是因为大王只顾着独自享乐，而丝毫不顾及百姓的疾苦。然而，假如大王在欣赏音乐的时候，全国的百姓也非常开心，想道：'真好，大王心情愉悦，才能赏乐作乐，否则哪能这么开心呢！'百姓之所以这么想，一定是因为大王关心民生疾苦，让人民安居乐业，所以才能与普天之下的百姓同乐，也得到天下人的拥戴。"

这篇典故中，孟子其实是在警醒齐宣王，让他不要只顾独自赏乐作乐，而要关心天下百姓的疾苦，使所有百姓都能安居乐业，才能得到百姓的拥戴，也使得国泰民安。唯有在这样的情况下，齐宣王赏乐才不是贪图享乐，而是与民同乐。不过，显然孟子采取了层层推进的策略，毕竟他面对的是大王啊，倘若说话方式不得当，一下子惹恼了大王，他的小命也就不保了。举个形象的比喻，如果让一个人一下子跨越十级台阶，只怕除了姚明的大长腿外，没有任何人能够做到。对于普通人而言，必须一级一级拾级而上，才能最终到达十级台阶的高度。急于求成非但无法得到好的结果，反而欲速则不达，最终导致事与愿违。

说话也是如此，孟子正是通过层层推进的方式，逐步引导齐宣王意识到一个深刻的道理：只有与民同乐，才能天下归服。当然，要想进行循序渐进的谈话，首先应该确立目标。倘若没有明确的目标，也许在层层推进的过程中就会忘却初心，甚至偏离目标，最终导致无法实现目标。此外，还需要具有逻辑性，思维清晰有条理。否则说话时东一榔头西一棒槌，别说听话者了，即使说话的人也很有可能被自己绕晕。当然，引导的具体方式就是提问，让对方说出自己心中的回答，从而再以对方的回答作为论据，这样才能做到让对方心服口服，心悦诚服。

难度大的要求，不妨先从小事开始"登门槛"

登门槛效应也可以应用于博弈中，要想引导他人在某件事上与你达成一致意见，不妨先提出一件双方都认同的小事，在此基础上，对方也会不自觉地认同我们提出的大事。

一次，一个旅游团路过一家糖果店，他们走了进去，也只是随便看看，并没有买糖果的打算，然而，就在他们准备离开糖果店的时候，店内的服务员赶紧抓起一把糖果，然后捧到大家面前，告诉大家"这是我们店刚进的新品，清香可口，甜而不腻，请您随便品尝，千万不要客气"。旅游团成员觉得既然免费尝到了甜头，不买点什么，确实有点过意不去，于是每人买了一大包，在服务员"欢迎再来"的送别声中离去。

实际上，这也是登门槛效应的应用。根据登门槛效应，在引导他人时，我们希望对方接受我们的意见而又担心对方不认同的话，可以先向他提出一件类似的、较小的事情。当彼此在这一小问题上达成一致意见时，对方就有可能接受在更大的事情上认同你。

我们都知道，在所有的推销工作中，保险推销是难度较大的。因为老百姓对保险没有足够的认识，再加上一些小保险公司的违规操作。所以，很多时候，人们一提及保险就谈虎色变，唯恐躲闪不及。然而，推销员小尹的生意却如日中天，业绩不断翻番，原来小尹在推销保险的时候懂得利用登门槛效应。

这天，小尹去小区开发客户。他没有穿职业的套装，而是穿着很随便。不一会儿，他和下楼散步的王大妈聊了起来。一开始拉家常，聊到了儿女，最终聊到了老人的赡养问题。当小尹和王大妈聊起保险的时候，王大妈表示没有买的想法。但是由于一开始小尹和王大妈聊得很投机，所以王大妈也不好意思立即走开。

随后小尹在向大妈介绍保险好处的过程中，慢慢让大妈对保险有了全面的认识，同时，大妈对小尹建立起了信任。就这样，王大妈最终在小尹的帮助下，给自己买了2万块钱的保险。

从上面的故事中可以了解到，人们对一些自己不认同的东西心理防备极强。要想攻破这层堡垒，就要利用登门槛效应，层层剥离，让对方在不知不觉中接受和认同自己的价值体系和理念。一般情况下，对方第一次接受之后，往后就更不好意思拒绝。所以，销售员在一开始接触客户的时候，要从一些简单的认同开始。

不过，运用这一效应来进行心理暗示，还应注意几点：

1. "门槛"不能太高，否则无法成功。

一般情况下，人们更有可能会认可一些小事，但我们在提出正式要求之前，要做充分的准备，要对对方做好充分的了解，否则，即便你提出的是一件很小的事，对方也未必会认同和答应。

2. 注意尺度

与人沟通，无论我们想要达成什么目的，都不能急功近利，否则，只会事倍功半。

以销售为例，现实生活中，我们经常会将那些进门之后直接向我们推销产品的推销员拒于千里之外。当销售员向我们获得特许，"登门槛"，也"得寸"后，便得意忘形，将销售议程提上案。事实上，此时我们的内心还并没有消除对销售员的戒备，可想而知，我们是不会买他的账的。

3. 确定对方是否能接受你"得寸",从而让你"进尺"

生活中,运用"登门槛效应"来暗示他人,一般都能起到作用,因为人们都希望在别人面前保持一个比较一致的形象,不希望别人把自己看作"变化无常"的人。因而,在接受别人的意见、看法和提出的要求之后,再拒绝别人就变得更加困难了。

但事实上,也有一部分人,这一暗示方法对他们根本起不了作用,对于这一类人,我们应该做的是"另寻出路"。

总之,先对对方提出一个较小的事情,以此获得认同,再提出较大的事,达成一致的可能性就更大了。

制造情境氛围，让对方不知不觉接受你给的"门槛"

在谈到这一心理博弈策略之前，我们先来看看下面这个小故事：

周末，有许多等待与情侣相会的青年男女伫立街头。到傍晚时分，有两个擦鞋童正高声叫喊着以招揽顾客。

其中一个说："您看您的鞋子多脏，我为您擦擦皮鞋吧，又光又亮。"

另一个却说："约会前，请先擦一下皮鞋吧！"

结果，前一个擦鞋童摊前的顾客寥寥无几，而后一个擦鞋童的喊声却收到了意想不到的效果，一个个青年男女都纷纷要他擦鞋。

为什么会出现这两种不同的结果呢？其实主要原因是第二个擦鞋童懂得制造情境氛围暗示他人。

第一个擦鞋童是这样劝说顾客的:"您看您的鞋子多脏,我为您擦擦皮鞋吧,又光又亮。"我们不得不承认,这句话充满了礼貌,并且他还为顾客保证自己擦出来的鞋会又光又亮,但一般来说,那些即将约会的青年男女们是不会在意的,因为傍晚时分夜幕即将降临,谁会在意自己的鞋子亮不亮。而同时,"您看您的鞋子多脏"这句话很明显地激起了人们心中的不快情绪,即使对方的鞋子真的需要擦,人们恐怕也不会光顾他。

第二个擦鞋童的话就与此刻青年男女们的心理非常吻合。黄昏之时,那些约会的青年男女们都希望自己以清爽的形象去面对自己的恋人,一句"约会前,请先擦一下皮鞋吧!"真是说到了青年男女的心坎上。这位聪明的擦鞋童在自己的话题里放入了"为约会而擦鞋"的温情爱意,一句"为约会而擦鞋"一下子就抓住了顾客的心,因而大获成功。

这里我们不难看出,第二个擦鞋童之所以能生意兴隆,就是因为他懂得制造情境。中国人常说"箭在弦上,不得不发""覆水难收",这就是一种情境,当我们身处一种情境中时,很多事情就顺理成章了。同样,人际交往中,我们若想拉近与人之间的距离,希望对方接受我们的批评、观点等,我们也可以先制造某种情境和氛围,那么对方自然也会很轻易地接受。

然而，通常人们都没有意识到自己说话用词的重要性。实际上，聊天讲话如果能让对方眼前浮现出各种各样的形象，听众就会感到轻松、惬意，并愿意继续听下去。如果话题含糊笼统，语言毫无色彩，恐怕只会让对方昏昏欲睡，打不起聊天的兴趣，甚至对你产生厌倦的情绪。

可见，制造情境也是一种制造门槛的方法，具体来说，我们需要做到以下几点。

1. 排除一些消极因素

事实上，人们只有在积极情绪下才会做出一些正面的决定，如果我们要让对方接受自己，就要尽量为对方排除一些消极因素。

所谓淡化消极因素就是设法缩小消极面。在实际生活中，有许多人被不安和自卑情绪困扰得痛苦不堪，但稍加分析就会发现他们将极小部分的失败或恐惧扩大化了，那我们要做的就是尽量将这种消极因素缩小，比如当你的同事因为一些工作原因被领导训斥而心情很差时，你可以适当吐露一点自己曾经同样的经历，让他认识到领导不可能样样事情都处理得很好。再说，领导是站在全局角度看问题的，也许是他的看法不够全面。他想到这一点，心情就会舒畅多了，怒气也就没有了，消极因素也就消失了,而你们之间的友谊也增强了不少。

2. 不说消极语言

消极语言是一种消极暗示,这种话说多了会让对方产生一些消极心理,无论我们出于什么目的与人沟通,都要在积极的场景中进行,因为人们一般都喜欢积极的情绪体验。

有些人常说"反正""毕竟"或"总之"一类的话,这都是消极语言,这类话对方听多了会产生自我否定的想法,本来彼此间可以友好合作,却因为担心后果而放弃,本来情绪激昂地说帮你忙,也因为你的消极暗示而放弃。

因此,我们在与人交际的时候,要尽量不说消极语言。

总之,善用"登门槛"所带来的效应,的确是我们在社交活动中不容忽视的问题,而制造情境氛围就是一种制造门槛的技巧,把握运用好这一技巧更是我们要必备的社交能力,它能帮助我们顺利达到社交目的,在社交活动中如鱼得水!

会贴金，不着痕迹地表露自己的价值

通常情况下，人们求人办事时，态度往往非常谦恭，而且会把自己说得可怜兮兮，尽量争取得到他人的同情和怜悯，从而使自己的请求得以满足。然而，对于身居高位的人而言，每天不知道要见识多少这样的可怜虫，因而也就见怪不怪了。就连审美都会疲劳，更何况可怜虫的形象并不使人愉悦呢？从另一个角度而言，这个世界上没有永远的敌人，只有永远的利益，所以与其为了求人办事而苦苦哀求，不如向他人展示我们自身的实力，甚至可以给自己的脸上贴金，从而使他人意识到，帮助我们并非是白帮忙，我们终有一日会回报他们，或是在事成的时候就会与他们分享利益。这样一来，他人当然会怦然心动，也不会对我们心生嫌恶。

世界上没有免费的午餐，天上从来不会掉馅饼。一个人也许会偶尔无条件地付出，但是绝不会对任何事情都不计较得失。做事情时不拘一格，一反常态地增加自己的筹码，能够让我们一改在对方面前卑躬屈膝的样子，从而壮大自己的气势，让自己与对方平起平坐。在展开交流之后，我们还可以使用各种巧妙的手段抬高自己的身份和地位，这样一来，对方从自身的角度出发，也会意识到多个朋友多条路，尤其是对于与实力相当、值得交往的人，他们会变得更加积极热情。

人际交往原本就是虚虚实实的，正如古人所说，知己知彼，百战不殆。大多数聪明人都不会把自己的底牌亮给他人，也不会一味地诉苦以赢得他人的可怜和施舍。唯有与对方实力相当，让对方更重视我们，更愿意与我们合作，我们的胜算才会更大一些。所以，朋友们，除了要待人真诚坦率外，我们也要适当装饰，给自己的脸上贴金，如此才能在对方心中留下我们的实力很强大的印象，进而实现从我们追着对方帮忙或者合作到对方心甘情愿地与我们走得越来越近的转变。

在北京漂了几年之后，小雅决定和老公开公司，这样才能有出头之日，否则永远给别人打工，永远只能解决温饱，连想都不敢想有朝一日能在高房价的北京买得起房子。小雅是个急脾气，说干就干，当即就租了店面，用仅剩的一些钱买了一辆车办公用。因为是二手房经纪公司，而且小雅和老公杜宇对于业务都轻车熟路，所以他们很快就干起来了。公司是挂靠在之前一个朋友的公司名下的，那个朋友专门做别墅，因而没有门店，公司开在写字楼里，这直接导致小雅的公司看起来丝毫没有名气，也不像其他的二手房门店那样随处可见。

开业不久，业务熟练的小雅就迎来了第一单生意。然而，客户有些犹豫，虽然看中了房子，却迟迟不肯签约，就怕公司小，在交易过程中遇到风险。小雅为了打消客户的疑虑，去公司总部拿来上个月刚刚签订的别墅交易合同给客户看，而且底气十足地对客户说："我们公司虽然不像大多数二手房门店那样到处都有，但是我们的总部是专卖别墅的。您看吧，这是公司上个月签订的别墅合同，这套别墅两千多万，总价相当于咱们普通住宅的八倍。别墅的客户都是人精，都是在生意场上摸爬滚打的，但是对于我们的合同无可挑剔，他们都如此放心地托付，您也放心吧。这个合同都是我们公司法务部的律师专门看过的，而且我们公司总部的房子是买下来的，不像其他公司那样是租的。房子跑不掉，有问题您尽管来找我。"就这样，小雅拿出有效的证据，最终打消了客户的疑虑，让客户高高兴兴地买了房子。

不得不说，小雅拿出别墅客户成交的合同给这个心存疑虑的客户看，是在为自己的脸上贴金，增加自己的筹码。她告诉客户公司总部的房子是老板的私有产权，也是在说自己公司的优势，给客户吃定心丸。显而易见，小雅的举动效果很好，很快就打消了客户的疑虑，让客户顺利签约。求人办事，有的时候我们要降低身份，抬高他人，这当然也是一种策略，但是这种策略只适合以情动人的私人交情，而不适合按规矩办事的生意场。在生意场上，彼此间的信任是最重要的，唯有给人以值得托付的感觉，我们才能够得到他人的托付和信任。所以这种情况下千万不要盲目贬低自己，更不要把自己说得一无是处。所谓无利不起早，商场上的每个人都希望赚取利润。诸如很多富豪和明星特别喜欢做慈善，一则是他们有钱，愿意回馈社会；二则是他们也要通过做慈善来建立自己的公益形象，从而增加自己的人气，让自己拥有更多的支持者和粉丝，这样一来，他们的未来才会得到更好的发展，从而令自己的人生更加顺利。不过凡事皆有度，哪怕是给自己的脸上贴金也要适度，而不要毫无原则和限度地一味吹嘘，否则气球吹得太大会破，牛皮吹得太大同样会破，自找难堪就不好了。

第五章

登门槛与销售：循序渐进，一步步实现最终成交

先登上一个门槛，循序渐进达到拜访目的

拜访客户是销售过程中不可避免的环节，然而，一些销售员为了将产品尽快推销出去，在与客户沟通的过程中显得很盲目，只是一味地介绍自己和介绍产品，结果还没介绍几句就被客户拒绝，只得灰溜溜地逃走，销售业绩因此并不理想。到最后他们还弄不明白，为什么现在的社会客户这么难开发？客户关系这么难维护？其实不然，不是客户难搞定，是我们说话方式没有打动客户的心，有许多东西你是否注意了？有许多方面你是否做到了？如果能够多去思考，善于学习别人成功的方法，善于行动、善于总结，那么搞定客户也很轻松。

客户在接受销售员拜访时，会产生一定程度的心理波动，他们会担心被骗，担心产品质量不过关，担心价格过高等，这时最忌讳的方式是硬推产品，因为这样往往会使客户压力过大而最后放弃采购。也就是说，我们在拜访客户时，关于销售的话术不可太露骨。

那么，我们该如何做到循序渐进，不着痕迹地达到我们的

拜访目的呢？

1. 语言亲切、自然，在客户心中建立好感

作为销售员，怎样将产品销售出去是首要问题，但要把产品销售出去的前提是我们要成功将自己推销出去。成功推销自己的第一步就是取得客户的信任，信任是成交的根本，所有的技巧能获得成果都是建立在信任的基础上，因此，只有将真诚的态度融入每一句话中，才会融化客户的戒心，进而真诚接纳我们。

2. 表达对客户周围的人和事的关心

在日本，主妇们上午都很忙，因为要打扫和洗衣服，所以她们在这段时间是不希望被外人打扰的，而有空闲应付推销员的时间大约是下午四点钟，然而这时正是婴儿午睡的时间。

大吉保险公司的川木先生是个出色的销售人员，他经过客户家门口的时候，都不会大声按门铃，而是轻轻敲门以示访问之意。当主妇前来开门时，他会用最小的声音向一脸狐疑的主妇说："宝宝正在睡午觉吧？我是大吉保险公司的川木，请多指教。四点多的时候，我会再来拜访一次。"

有人曾说，多研究儿童的心理对你的推销大有帮助，因为

大部分女性都会成为母亲，而她们最关心的就是自己的孩子，对于关心孩子的贴心的销售人员，她们都会表达感激。

对于销售员来说，具有亲和力是能够与客户融洽交谈的必然要素。想要在客户心中建立起亲切感，我们不仅要做到语言亲切、自然，还要做到关心客户的生活，这样才能使客户感到愉快，从而对销售人员产生信任。热情的语言也表现出态度的热忱。

3. 把控进程，别占用客户太多时间

客户最讨厌的就是喋喋不休、不知所云的推销员，谁的时间都是宝贵的，这需要你学会把控整个谈话进程，让每一个步骤的沟通都能起到正面积极的作用，而如果你自己都没有准备好，客户也感受不到你的用心，不了解你此次拜访的主题，客户为什么要花时间与你对话呢？

拜访开始时你承诺打扰多久就占用多久客户的时间，尽量别说个没完，否则客户不但认为你不守信用，还会觉得你喋喋不休，那么下次你再想约见他恐怕就很难了。当然，如果客户自己愿意延长时间与你交谈就另当别论了。

总之，在与潜在客户沟通的过程中，要做到准备充分、有勇有谋、多留后路，才能把握整个拜访的进程，运筹帷幄，进而减少急躁、急功近利的情况。

别直奔主题，从客户感兴趣的话题开始谈起

销售工作中，那些业绩突出的销售员都有个共同的撒手锏——善于沟通，懂得从客户感兴趣的话题入手，并迅速破冰，打消客户的戒心。任何一场销售活动，销售人员都不可能不与客户沟通，而也只有激发客户谈话的欲望，才能慢慢地寻找购买点、切入主题，这是与客户交往的一个正常程序。如果在与客户接触时一言不发，则是失礼的，而直奔主题，客户更不易接受。如果在拜访客户的过程中安排聊天的部分，可能会促使宾主两相欢，进而减少双方的心理障碍。

小王是某公司的业务主管，销售经验相当丰富，公司对他的评价是"王哥出马，一个顶俩"，也就是说，在公司，只要是小王亲自处理的销售案例，基本上就没有不成功的。

一次，在新人培训的过程中，他亲自带着一位刚来的业务代表去拜访一家大公司的采购主任宋先生。

小王让业务代表先自己出面去洽谈，而自己只负责陪同，

然而交易似乎并不顺利，谈话也不愉快，经验丰富的小王很快就看出来问题在哪里——整个谈话过程太生硬，对方完全没有继续沟通的欲望，小王认为，还是需要一些"润滑剂"，他灵机一动，想起在来的路上，业务代表曾经对他说宋先生有一对刚上小学的双胞胎女儿，宋先生特别疼爱她们。于是，小王就趁机与他聊起了女儿。

"听说宋先生有两个非常可爱的女儿，是吗？"

"是的。"宋先生脸上顿时流露出一丝微笑。

"听说还是双胞胎，今年几岁了？"

"7岁了，已经上学了。我下班还要去接她们呢。"

"听说她们的舞蹈跳得特别棒。"

"是呀，前几天还代表学校参加全市的演出了呢。"

提起了女儿，宋先生的话就多了，聊了一会女儿，宋先生主动把话题引到了这次见面的业务上。

我们发现，案例中的销售经理小王是个很善于了解客户心理的人，在新手业务代表与客户洽谈不顺利的情况下，他顺势找出能让客户开口多说的话题——客户的两个双胞胎女儿，进而打开了客户的话匣子，如果在刚开始交谈不顺利的情况下，业务代表或者小王依然坚持谈业务本身，那么，过不了几分钟宋先生肯定就会下"逐客令",但是小王抓住时机,巧妙地引入宋先生感兴趣的话题与其聊天,这样便很容易地打破了谈话的僵局。

那么,在现实生活中的哪些话题可能会让客户感兴趣呢?

1. 天气

在日常生活中,无论是熟人还是陌生人见面,开口聊得最多的话题就是天气。

在销售中,天气更是与客户寒暄最好的话题,因为谈天气不涉及利益关系,客户不会产生抵触情绪。

然而,如果你的客户是从事与天气相关或者与天气有密切关系的行业,那么你在谈论时就要注意措辞。比如,如果你与一位雨衣或者雨伞销售商寒暄时这样说:"最近一点雨都没下,秋高气爽,天气简直太好了。"对方一定不会给你好脸色看。

2. 新闻

新闻也是人们关心的话题之一,可以引起客户的好奇或共鸣,作为一名销售员,一定要多上网,多看新闻,因为互联网上有着丰富的话题。

3. 兴趣

人们对于自己的兴趣通常都愿意滔滔不绝地谈论,因此,兴趣也是你与客户聊天的一个好话题，与客户聊起兴趣时，必须与客户同一步调，也就是说，千万不要否定客户的兴趣。例如，如果你的客户说他喜欢下棋，你就千万不能反驳说："哎呀，现在谁还下棋，只有那些没事干的老头子才喜欢呢。"而应该说："下棋确实不错，可以活跃思维、提升智力，还能修身养性、陶冶情操。"

当然，能带动谈话气氛的话题还有很多，需要我们事先了解客户，并在交谈中细心观察，学会与客户谈话，在客户意犹未尽的情况下，往往会顺利进入推销阶段。

很多情况下，真正做成生意的销售人员都不是直接推销，而是先打动人心，开口后先与客户聊聊他感兴趣的话题，赢得客户的好感，为推销产品铺平道路。

你的经历，是很好的寒暄话题

作为推销员，在销售中被拒是常有的事，因为不少客户吃过推销员的亏，他们对陌生的推销员往往心存芥蒂，因此，如果一味地推销，有时不但不能打动客户，反而会让客户更怀疑，而如果我们能体会客户的情感，谈谈自己的经历，那么便能很快拉近与客户的心理距离。

一般来说，那些销售精英都曾在提升自己的亲和力上下过一番功夫，因此，他们比一般的销售员更易得到客户的信任，客户也愿意与他们交朋友。

中国人常说："先做朋友，后谈生意。"许多销售行为都建立在友谊的基础上，我们平时也喜欢向那些我们熟悉的、喜欢的、信任的人购买东西，因为我们会感觉到放心，所以一个销售员是不是能够很快地同客户建立起很好的友情基础，与他的业绩有绝对的关系。

推销大师乔·吉拉德有这样一次推销经历：

有一天，乔·吉拉德的车行里来了一对夫妇，乔立即迎出来接待他们。

"你们好，有喜欢的车吗？"当夫妇俩在看了一段时间后，乔走过去亲切地问道。

"车行里的车还是不错的，不过我们暂时还没决定是否购买。"

其实，经验老到的乔早已经看出客户顾虑的问题了，但是乔还是需要确认下。

所以，接下来，他采用小计策试探了下。

"你们知道吗？我跟我太太和你们两位太相似了。"

"真的吗？不会吧？"其中的女士说，很明显，她对乔的话产生了兴趣。

吉拉德说："我们家也是，在家里购置一些大物件时，都要和太太商量半天，常常是想了又想，生怕吃亏上当或者是买回来不好用，所以，在我从事推销工作后，我也常常能想到顾客的这种担忧，也会让顾客有充分的考虑时间，实际上，如果顾客因为一时冲动买了不合适的产品，那真的让我很难过，如果这样，我宁愿不做这笔生意。当然，请别误会，我真的很想同你们合作，但对我来说，更重要的是你们在离开时能够有一种好心情、好感觉。"

"先生，您真是个贴心的销售员，谁说不是呢？我们都想买到放心的产品，对于那些企图强制我们购买的推销员，我们一直都不愿意跟他们合作。"那对夫妇说。

吉拉德接着说："您说得太对了，那接下来我就不打扰二位了，你们继续看吧，需要的时候叫我一声就可以了，我随时恭候。"然后，吉拉德就回到他自己的办公室，静静地等待。

当然，吉拉德知道，接下来，他的客户未必真的会叫他，也许一会儿就想通了，也许是好几天，而他自己也不能放过推销的好机会，就这样，一般情况下，乔会再等十分钟，然后回来："我有一些好消息要告诉两位，我刚刚得知我们的服务部最迟今天下午就能把你们的车预备好。"

"可是我们希望明天再来。"

听到客户这么说，他会很轻松地回答："明天？今天能做的事最好不要拖到明天，如果你们确实拿不定主意的话，可以多方面考虑考虑，我看两位都是利索的人，很快就会下决定的，对不对？"

其实他很清楚，如果是真心前来买车的客户，在他们眼里，今天和明天是没什么区别的，而且大部分客户都有想尽早拥有爱车的心理，所以，当吉拉德利用"今日事，今日毕"的说辞营销时，成功推销也就是顺理成章的了。

在推销中，推脱是顾客的常见表现，在这样的情况下，假如销售人员缺乏技巧，那么客户很可能会转身离去，而如果能像吉拉德这样巧妙引导，就会转变局势，成功推销。

事实上，推销精英的共同经验是：在销售中引入情感的因素，几乎能让任何销售问题迎刃而解。这样的引导方法，能让客户接纳你，进而接纳你的产品。

一般来说，我们的决定经常会被那些我们信任、喜欢的人影响，而这也是我们销售人员需要努力做到的。亲和力的建立是人与人之间影响及说服能力发挥的最根本条件，亲和力之于人际关系的建立和影响力的发挥，就如同盖大楼之前须先打好地基一样。所以，学习如何以有效的方式和他人建立良好的关系，是一个优秀的销售人员所不可或缺的能力。

那么，作为推销员，我们在推销的过程中，可以谈及自己哪方面的经历呢？

1.向客户分享自己曾经购买产品时被骗的经历

通常来说，我们作为顾客购买产品时，也难免受到"居心不良"的推销人员欺骗，而这些经历你的客户也可能遇到过，那么你不妨拿出来与其分享，这就能引起共鸣，同时也会赢得客户的信任。

2. 聊聊自己在销售过程中做过的好事

你可以告诉客户曾经你在工作中帮助其他客户解决的问题，那么客户就会认为你这个人乐于助人，并且信任你，愿意接纳你和你的产品。

值得注意的是，你说的话必须是真实的，不然，一旦被客户发现你欺骗他，你的形象就会顷刻间坍塌。

当然，推销员可以与客户分享的经历并不止以上两种，凡是能打动客户的经历，都可以拿来为我们所用。

欲擒故纵，激起客户的兴趣

在推销过程中，一些销售人员深知谈话过程中主导权的重要性，所以他们在与客户沟通的过程中步步紧逼，让客户感到压力很大，而客户购物是本着"开心"的原则，当他们觉得压力无法承受的时候，就会表现出对售卖者的反感，从而放弃和你沟通。相反，如果使用欲擒故纵的方法，先"晾着"客户，暂时对他们淡漠，或许反而能让他们放松警惕，反而更容易成功推销自己的产品，成功占领市场，达到"擒"住客户的目的。

欲擒故纵法是古代战略中的战术，同样可以被运用到现代商战中。其意思是在交易开始时，为了让客户有进一步交易的兴趣，故意放慢速度或先冷淡对方片刻，然后再激起对方的兴趣，从而慢慢促成销售的方法。在词性上，"擒"和"纵"是一对矛盾，但用辩证的眼光看待时，它们在一定条件下是可以互相转化、互通有无的。

老张是位勤勤恳恳、踏实本分的人，结婚那年，他买了辆车，为的是以后能接送爱人和孩子，如今孩子15岁了，他的车也十几年了。现在老张的妻子经营着一家饭店，生意非常好，家里的经济条件好了很多，因此夫妻二人商量卖掉现在的车，换辆新车。

于是，老张就跟几个车行的人联系，叫他们上门来看车。

第一个车行老板来看，一句好话都没有说，先损了一通老张的车，老张听完一肚子火，还没有等他开价，就下了逐客令："你走吧，这车我不卖给你了。"

第二位车商来看时，第一句话就是："这车怎么保养得这么好！"

老张说："我妻子开得多，我不怎么开，她比较爱惜，而且我又不抽烟，所以很干净。"

车商："难怪，这车15年了，还能这么新，真不容易。"

这话说到老张心里去了，两个人就在那里聊起来，最后车以8万元成交，离老张原想的10万元的目标差了2万元，但老张卖得很爽快。

在销售行业，有句老话为"先贬其值，才能砍其价"，第一位车商就是运用的这种方法，但是很明显，他的话让客户颇为不悦，客户宁愿失去成交的机会也不愿继续交易，第一位车商因此失去了后面谈判的机会。很明显，这种做法不是明智之举。

而第二位车商，反其道而行，多夸赞对方，把对方夸得心花怒放，最终轻易取得了他的信任，得到了让价和最后的成功。

那么，我们该如何妙用欲擒故纵法呢？

1. 劝导客户体验产品

这也是一个比较好的"欲擒故纵"法。

这种方法的好处是客户自己去体验，远比听销售苦口婆心的劝说感受更直接，并且，一般情况下我们提供给客户的体验多是免费的，客户一般不会拒绝。

因此，在与客户面谈的时候，我们可以顺便带上产品，让客户"看得见、摸得着"，在试用这些产品的过程中，他们如果喜欢上了产品的功能和特性，那么试用结束后往往就会掏钱购买，从而从准客户变成了客户。

另外，让客户亲身体验产品，也很容易提高产品的知名度和市场占有率，一个忠诚的客户所带来的商机也是不可估量的。

2. 限量销售

在给客户体验产品后，可以略施小计，让客户自己对产品感兴趣并在短时间内做出决定，那就是限量销售。很多客户一听到是限量销售，都有害怕失去的心理，因此他们在面谈的开始阶段就会下决心购买。

3. 学会"低价留尾"和"高价留尾"

价格问题是销售中最为敏感却又避免不了的话题，需要销售员谨慎处理，处理不好，就很难将销售活动进行下去，甚至有失败的可能。

在价格上，销售员也可以欲擒故纵。我们可以采用"低价留尾"和"高价留尾"，所谓"低价留尾"就是报个低价，但前提是要规定一个起订量，起订量可以大大高于你所估计的客户可能的订购量，关键是低价能引发客户的兴趣，此时，以后涨价也有托词，"订量不够当然要贵一点点"，这样客户更能接受。

"高价留尾"就是先给出一个高价，并故意规定一个与之相应的小订货量客户很容易达到，并承诺如果超过这一订货量价格就有折扣。

以"利益"为门槛进行引导,满足客户爱买便宜货的心理

我们每个人都有爱买便宜货的心理,谁会拒绝那些免费的东西呢?比如,时装店内,一件T恤80元,一件衬衣也是80元,你劝客户购买,他们会觉得贵,但是如果你告诉他,如果买两件就是150元,客户会马上在心里盘算起来:如果他能两件一起买了,只需要150元,如果单件买就会多花10块钱,如果组合买就能节省10块钱。而就是这10块钱,就让客户产生了很大的兴趣,而其实商家还是赚了。

那么,客户为什么愿意以多一倍的价钱买走两件商品,而其中一件可能他并不需要呢?这就是客户爱占便宜的心理在作祟,所以我们在生活中经常看到捆绑销售的策略,比如两件八折、三件七折或者买一送一等。

捆绑销售的策略给了他们一种心理错觉。所以,销售中,如果我们能掌握客户的这一心理,与客户交谈时想方设法给顾客这种占了便宜的感觉,那么成交的可能性将大大增加。

登门槛效应

小辉放寒假了，这个寒假他想做做兼职、体验一下社会生活，所以，经人介绍，他来超市当起了促销员。

小辉负责的区域是副食品，下午的时候，奶糖区来了一位想买巧克力的男人，男人问了问价格，觉得有点贵，于是对旁边的售货员小辉说："能不能便宜一些啊，我要买不少呢！"

小辉为难地说道："真不好意思，超市都有定价的，而且是固定的价格，我也想给你便宜，然后我自己多卖点，就可以多拿提成，但是如果这样做，还得我把差价补起来。您看这样行不？如果你能买二十斤以上的话，我们就送你一个储物盒。"

中年男人听了，说："你们也不容易，我买东西，不能让你们付钱啊，来吧，帮我秤上二十斤吧。"

这则案例中，促销员小辉在顾客要求降价的情况下，没有直接拒绝，而是先传达了自己的难处，表明商品价格不是自己能做主的，并且为了弥补客户，他提出给客户赠送储物盒，这样客户自然能理解销售员的苦衷，所以不再挑剔价格，一下子买了二十斤的巧克力。顾客能够理解销售员，才会有和销售员双赢的心理，至少买了商品，让双方都不要吃亏。所以，让客户理解自己，是销售员赢得客户的关键。

那么在具体的销售中，到底如何才能满足他们的这种心理，达成最后的合作呢？这主要分以下几种情况。

1.顾客质疑产品性价比

每个客户都希望自己能购买到物美价廉甚至物超所值的产品，所以当你报价后，他们会产生怀疑，怀疑自己是不是会买贵了，此时，你要提醒客户：您是位眼光独到的人，您现在难道怀疑自己了？您的决定是英明的，您不信任我没有关系，您也不相信自己吗？

2.顾客认为你的产品比其他家贵

针对这一点，你要委婉地让客户明白：一分钱一分货，现在并不是所有的货都是真货，假货泛滥，一定要小心被欺骗。另外，我们最好还要帮助客户分析出竞争对手产品便宜的原因。

你可以告知客户："××先生，对方的确比我们这里便宜一点，但是我们的价格中还包含产品服务，我们终生免费清洗、十年质保，可以提供××，您在别的地方购买，没有这么多服务项目，您还得自己花钱请人来维护，这样又耽误您的时间，又没有节省钱，还是在我们这里买比较恰当。"

3.顾客认为优惠不到位

我们要客户明白的依然是：便宜没好货，一分价钱一分货。比如，我们可以对客户说："这个价位已经是最低价了，刚才我也问了经理，实在是无法再降了。"客户一听，也就明白你也有难处，也就不再为难你了。另外，我们还可以这样说："真正价值高的产品，一般在价格上都会稍高一点，用最低廉的价格购买到最优质的产品一般是不可能的。"

总之，客户最关心的永远是利益问题，针对客户的不同心理进行引导，才能让客户产生及时购买的欲望。

虚心求教，满足客户的自尊心和虚荣心

"好为人师"，是人性的一个弱点。孔子说："人之患，在好为人师。"每个人都希望能得到他人的尊重和敬仰，这一点不分年龄和性别以及职业等。法国大作家罗曼·罗兰说："自尊心是人类心灵的伟大杠杆。"只要你能满足对方的自尊心，你也就掌握了对方。推销员利用人类的这一弱点，通过尊对方为老师来抬高客户，甚至可以虚心向对方求教让对方心情舒畅，客户心中充满温暖和同情，对你抱有好感，就会不自觉地接受你的推销。

有名电脑推销员叫刘平。一次，他向某大公司推销电脑。他工作努力，加上平时跑得勤、功夫深，成交希望非常大，但他没料到的是，"半路杀出个程咬金"，在关键时刻，该公司总经理把购买的工作交给了一个技术顾问——电脑专家陈教授。经过考察，陈教授私下表示两种厂牌各有优缺点，但在语气上，似乎对另一家颇为欣赏，刘平一看急了，于是，他准

备进行最后的努力。他找了个机会,口沫横飞地辩解他所代理的产品如何优秀,设计上如何特殊,希望借此改变陈教授的想法,谁知道还没等他说完,陈教授就不耐烦地冒出了一句话:"究竟是你比我行,还是我比你懂?"这话如五雷轰顶一样打醒了刘平,不过似乎已经晚了。

当刘平垂头丧气地回到公司向同事诉说这件事后,一位同事告诉他:"为什么不干脆用以退为进的策略推销呢?"并向他说明了"向师傅推销"的技巧。"向师傅推销",即要绝对肯定他是你的师傅,抱着谦虚、尊敬、求教的心情去见他,一切推销必须无形,伺机而动,不可勉强,不可露出痕迹,方有效果。

于是,刘平重整旗鼓,再次拜访陈教授。见了面,他一改自己的说话习惯,对陈教授说:"陈教授,今天我来拜访您,绝不是来向您推销的。上次跟老师谈过后,回家想想,觉得老师分析得很有道理。老师指出在设计上我们所代理的电脑有些特征比不上别人。陈教授,这笔生意我们遵照老师的指示,不做了!不过,陈教授,我希望从这笔生意上学点经验……"刘平说话时一脸诚恳。

陈教授听了后,心里又是同情又是舒畅,于是带着慈祥的口吻说道:"年轻人振作点。其实你们的电脑也不错,有些设计就很有特点。譬如说……"陈教授谆谆教导，刘平洗耳恭听。这次谈话没过多久，生意就成交了。

这则案例中，推销员刚开始向他的准客户热情地推销，但却失败了，这是因为他忽略了对方的自尊心，大谈自己产品的优势。他犯的错误就是试图显得比客户更高明；反之，他能挽回败局，将一笔快泡汤的生意又做成，其原因是通过向客户求教来抬高客户，满足了客户的自尊心，赢得了对方的好感。可见，抬高客户是赢得客户好感的一个重要方法。

那么，我们该如何抬高客户来说服对方呢？

1. 赞美式开场，赢得客户的好感和认同

每个人都渴望被别人赞美，获得认同，客户也是。可以说，与客户沟通，把其放到较高的位置上，并虚心地请教其问题是一种绝佳的说服技巧，这样能满足其某种程度的虚荣心和好为人师的心理，可见，有时对客户的请教也是一种委婉的赞美方式。真诚地去请教客户，往往是打开销售之门的一把钥匙。比如，你可以这样说：

"陈总，我早就听说过您白手起家的故事，我真的很想请教一下您，当时您是怎么做出创业的决定来的呢？"

"听说您是通信方面的专家，想请教一下您……"

"专家就是专家，您提的问题都与一般人不一样，都提到点子上了……"

"张先生，您在营销方面这么有研究，有机会一定当面向您请教……"

"李总，您的公司目前在物流服务领域做得这么成功，当初您是怎么想起来开展这项业务的呢？"

2.放低姿态，适当使用讨教的语气求教

我们可以降低姿态，以讨教的语气进行交流，比如，你可以问对方："请问，您刚才说的电脑配置指的是哪些方面呢？"倾听时如此反馈，一来会体现出你在认真倾听，二来可以满足客户好为人师的心理，以此来促成销售。

虚心请教是让客户产生优越感、体现自己谦逊态度的重要方式，更是一种引发对方思考和说服对方的方式。这种方式为对方创造了说话的机会，进而也引发了他对你的好感。

美国一位著名的哲学家说："驱使人们行动的最重要动机是做个重要人物的欲望。"可见，说话谦逊，抬高客户，才会令对方感到舒服。这也是我们在销售过程中要使用的一项必备技巧！

第六章

利用登门槛效应赢得好人缘：从小处着手拉近距离

多提共同点，能与陌生人迅速熟络

在博弈心理学中，我们要学的重要一课就是学会与陌生人打交道。的确，与陌生人谈话是口语交际中的一大难关，处理得好可以使对方对你一见如故、相见恨晚；处理得不好又会导致你与对方四目相对、局促无言。其实，人与人之间在性情和志趣上除了存在差异，也存在相同之处。从心理学角度看，相同则相通，共同的兴趣和爱好能将人联系在一起，共同的目标和志向能使人走到一块。所以，我们在与陌生人交谈的时候，能不能让对方对我们产生一见如故的感觉，关键就在于双方是否能在相同之处产生共鸣。只有这样才能操纵陌生人的心理，与陌生人迅速熟络并建立友谊。

事实上，一个深谙博弈策略的人更像是一个心理学家，他们很善于运用心理策略，他们总是能找到一些共同的话题和对方产生共鸣，哪怕是刚见面的陌生人，也能与其很顺利地进行沟通，这就是人们常说的"自来熟"。

因此，与陌生人交谈，我们应该多看到别人与自己的共同点，而不应该去计较他们与自己不同的方面。只有这样，才能跟人"合群"，才能叩开对方心灵的大门！

在一个旅店中就发生过这样一幕：

旅客甲放下旅行包，稍拭风尘，冲了一杯浓茶，边品边研究起旁边的旅客乙："师傅来了好久？"

"比这位客人先来一刻。"旅客乙指着正在看书的另一位旅客说。

"听口音不是苏北人啊？"

"山东枣庄人！"

"啊，枣庄是个好地方啊！我在读小学时就在《铁道游击队》连环画上知道了。三年前去了一趟枣庄，还颇有兴致地玩了一遭呢。"听了这话，那位枣庄客人马上来了兴趣，二人从枣庄和铁道游击队亲热地谈开了，不知底细的人恐怕要以为他们是一起来的呢。

接着就是互赠名片，一起进餐，睡觉前双方居然还在各自带来的合同上签了字：枣庄客人订了苏南某人造革厂的一批风桶；苏南客人从枣庄客人那里弄到一批价格比较合理的议价煤。

在这场交谈中，旅客甲与旅客乙的相识、交谈与交易成功，就在于他们找到了双方对"枣庄""铁道游击队"都熟悉这个共同点。正是因为这个共同点，让这一对陌生人产生了心理共鸣，产生一见如故的感觉。

从这一事例中，我们发现，要想打动陌生人的心，就必须抓住双方的相似点说话，让对方从心里把你当自己人。为此，我们可以从以下几个方面寻找共同点，针对不同的共同点，采取不同的表达方式。

1. 以话试探，侦察共同点

陌生人刚认识的时候双方会沉默，此时为了打破这种尴尬的场面，我们就需要开口讲话，开场的方式有很多种，比如打招呼，或者询问对方，了解关于对方的信息。这些试探的方法，都能帮助我们迅速找到与对方的共同点，然后以此为交谈中心展开话题。

2. 听人介绍，寻找共同点

你去朋友家做客，看到有其他人在场，但是你们并不认识，此时作为中间人的朋友一般会马上为你们做介绍，并表明你们各自与主人之间的关系，只要你细心点，一般是能发现与对方之间的共同点的。

而这一共同点就是打开彼此心扉的突破口，只有抓住这一突破口，才有了共同交谈的话题，这当中重要的是在听介绍时要仔细地分析，发现共同点后再在交谈中延伸，持续不断地发现新的共同关心的话题。

3. 揣摩谈话，探索共同点

为了发现与他人的共同点，交流时你可以细心进行揣摩和分析。比如，假如你发现有人和你讲共同的家乡话，你就可以以此为突破口，以乡音带动对方的谈话兴趣，使陌生的路人变为熟人，甚至发展为朋友。

4. 察言观色，寻找共同点

一个人的心理状态、精神追求、生活爱好等，都或多或少地要在他们表情、服饰、谈吐、举止等方面有所表现，只要你善于观察，就会发现你们的共同点。当然，这察言观色发现的东西还要同自己的兴趣爱好相结合，只有你自己对此也有兴趣，打破沉寂的气氛才有可能。否则，即使发现了共同点，也会无话可讲，或讲一两句就"卡壳"，打动对方更是无从谈起。

另外，我们在与陌生人说话的时候，还要懂得求大同存小异，把相互间不同的性格特点放在交谈的次要位置。譬如，交际的双方都有文学爱好，喜欢写文章，但双方却存在着较大的个性差异。这种情况，就要选择前者作为交际的出发点，以共同的爱好来产生共鸣。若丢弃了共同的爱好而在不同的个性上去互相指责或计较，就会使本该合得来的双方变得合不来。

总之，人与人之间一定有许多相同的地方，或者是共同的兴趣爱好，或者是在籍贯、经历方面有相似的地方，这都是共鸣的来源。只要你多花些心思，多进行一些锻炼，肯定能找得到共同点。

登门槛效应

分享秘密，是获得信任的绝佳方法

生活中，我们大多数人都和自己的闺蜜交换过秘密。互诉衷肠以后，你们就对对方敞开心扉了。当一个人想与另外一个人建立特别亲密的关系时，最直接的办法就是分享秘密。

的确，人与人之间之所以能由陌生人成为朋友，就是因为彼此存在情感的共鸣！从心理学的角度看，人际关系的疏近与双方交谈的话题有一定的关系，关系越密切，所谈话题越个人化、私密化。但交谈之初，交往双方往往是互存芥蒂之心的，如果我们能主动跨出交往的第一步，向对方透露自己的一些私事，那么便能给对方一个心理暗示：我们之间关系很好，你可以向我倾诉你的心事。

事实上，那些深谙博弈心理学的人都懂得在与人交往中袒露心声和秘密的重要性，我们先来看看下面的案例。

已经是下班时间了，办公室里空空荡荡的，只有刘艳和李云还没有走。刘艳拿起电话开始打电话："你在哪儿呢？什么时候回家？啊……可是……我都买好菜了……好吧……就这样吧！"挂了电话，刘艳的眼眶湿润了，心里像办公室一样空落落的。今天是他们结婚七周年的纪念日，可老公不仅忘记了，而且连晚饭都不回家吃，刘艳已经记不清楚有多少夜晚是自己独自一个人度过的了。

"怎么了？"一双温暖而干燥的手搭在刘艳的肩膀上，原来是新来的李云，除了刘艳外，办公室里就只有李云了。刘艳勉强地动了一下嘴角，说："都下班了，你怎么还不回家？"李云不屑地撇了撇嘴巴，说："家？要是家里就我自己一个人，还能算家吗？还不如待在办公室里心里清静呢！"

刘艳看了看面前的这个三十多岁的女人，尽管同事们都说她很难相处，但是此时此刻，刘艳分明从李云的脸上看到了一种和自己相似的落寞。看到别人也有落寞，刘艳反倒放松了，她噌地站起来，大声说："咱们一起去吃韩国烤肉吧，我请客！"想不到，结婚纪念日居然要和一个刚刚认识的同事一起度过，刘艳不禁讽刺地笑了笑。直到酒过三巡，刘艳才和李云说今天是自己结婚七周年的纪念日。想不到，李云一点儿也不感到惊讶，反而说自己的好几个结婚纪念日也是一个人度过的。

刘艳愣住了，泪水突然一串串地滚下来。在一个和自己有着相似经历的人面前，她彻底崩溃了，把自己心里的苦闷一股脑儿地说了出来。

夜深了，李云把已经喝多了的刘艳送回了家。工作这么多年来，刘艳从来没有把任何同事带到过自己的家里，因为她觉得家是只属于亲人的地方。但是，就是吃一顿饭的工夫，刘艳已经把李云当成了自己最要好的朋友。

这则故事里，是什么让这两个刚认识不久的女人成了朋友？是相同的经历。交谈之初，刘艳并没有打算向李云交代自己的心事，但一听到李云有着和自己相同的难处，便敞开了心扉。

随着社会的进步，人们越来越渴望交往，于是就有了社交，但无论是哪一种社交形式都需要交谈双方的主动，都要起到传递信息、交流感情的作用。可是，又是什么能带动交谈双方吐露心声呢？很简单，答案就是"秘密的交换"。因此，在交流中，如果你能主动先透露自己的秘密，那么就会很容易赢得对方的信任，对方也就愿意向你袒露心声。

其实，我们发现，那些完美主义者似乎总是曲高和寡，并没有太多的朋友。可以说，越是苛求完美，人际关系也越差，因为这些人虽然优秀，但不可爱。会让人产生一种敬畏和猜疑心理，而不愿与之深交。在与陌生人交谈的过程中也是如此，那些表现得十分完美的人，人们往往敬而远之；相反，适度表达秘密和缺陷，可以赢得关注。

那么，日常生活中，我们该如何通过交换秘密来让对方敞开心扉呢？

1. 适度自曝短处

闲暇时间，你可以和同事谈谈自己的糗事或者失败的事，这比谈自己得意的事或者成功的事更易拉近彼此之间的距离。因为一味地彰显自己的成就，容易让人反感，留下不好的印象，相反，多谈谈自己的不足和短处，首先在态度上我们已经示弱并表示了友好，对方没有不接受的道理。

暴露自己，要达到让对方产生与"这个人有点小缺点，但是其他方面挑不出毛病来，是个相当不错的人"类似的想法。然后，对方也会时不时地向你"爆料"一些个人私事，甚至愿意把你当成知心朋友。

2. 把握暴露秘密的度

提倡自我暴露，并不是让你把自己的"老底"都揭给对方看，不分场合和对象地将自己暴露无遗。我们不妨选择暴露那些不会影响到整体形象的小事件或者小缺点、小毛病等，这些小瑕疵的存在，会使我们显得更真实、更可爱。

总之，学会以上两点策略，在与难以相处的人打交道时你会更有效率，而且你会发现这些人似乎并不难以相处。

交谈中多提"我们",暗示你们是自己人

生活中,我们常常比较快和容易地接受自己喜欢的人说的观点,如果是自己讨厌的人说的观点,我们可能会本能地加以抵制。有道是:"是自己人,什么都好说;不是自己人,一切按规矩来。"这在心理学上叫作"自己人效应"。

因此,与人交往中,我们要想与他人搞好人际关系,就不能不强化"自己人效应"。强化"自己人效应",从我们的角度而言,就是要使他人确认我们是他们的"自己人"。

1858年,林肯在竞选美国上议院议员的时候,在伊利诺伊州南部进行演说。那时蓄养黑奴的恶霸们平时对废奴主义者非常仇恨,当然对林肯到此做反对奴隶制的演说恨之入骨,他们发誓只要他来就置他于死地。演说之前,林肯说:"伊利诺伊州的同乡们,肯塔基的同乡们,听说在场的人群中有些人要和我作对,我实在不明白为什么要这样做,因为我也是一个和你们一样爽直的平民,那我为什么不能和你们一样有着发表意见的

权利呢？好朋友，我并不是来干涉你们的人，我也是你们中间的一员，我生于肯塔基州，长于伊利诺伊州，正和你们一样是从艰苦的环境中挣扎出来的，我认识伊利诺伊州的人和肯塔基州的人，也想认识密苏里的人，因为我是他们中的一个……"

林肯根据听众的情况，通过简短的几句话就将自己和听众的情况联系在一起，让听众产生认同感，他的话竟把可能面对的敌对怒视变为大声喝彩，据说还有原本打算与他作对的听众成了他的好朋友。

林肯运用的就是心理学中的"自己人效应"。所谓"自己人"是指对方把你与他归为同一类型的人。"自己人效应"是指人们对"自己人"所说的话更信赖、更容易接受。

的确，通常来说，人们在接触到陌生人的时候，都会抱有防备心，如果我们在正式交往之前先向对方表达与之共同的爱好、兴趣或者价值观等，那么便更容易获得他的好感，接下来的交流也就容易得多。

徐晓林在一家大银行供职。有一次，经理让她准备一份有关某金融机构的秘密文件。徐晓林了解到，只有一个人掌握着她所需的情报，这个人就是某大公司的总经理。于是，徐晓林前去拜访他。

当徐晓林好不容易说服了秘书，让其答应为她引见时，秘书却很为难地说："他正在收集邮票，可是今天没收集到，他很沮丧。"

徐晓林在与那位总经理交谈时，那位总经理总显得心不在焉，根本无心对徐晓林透露半点情报。徐晓林愁眉苦脸地离开后，绞尽脑汁地想如何能够得到那些情报，突然她想起一件事，自己的儿子不是也在收集邮票吗？要是拿新推出的某个玩具和他换，应该不是问题。

果然，她的儿子答应了和母亲的这笔"交易"。

第二天下午，徐晓林带着邮票去拜访那位总经理。总经理满脸喜悦地接待了徐晓林，接下来的一小时他们都在谈论邮票。之后，总经理主动把他所知道的都告诉了徐晓林，并把自己有的文件资料都给了徐晓林。

这则故事中，徐晓林是怎么给这位总经理留下好印象的？很简单，因为邮票，徐晓林带着收集的邮票与其交谈表明他们有共同的爱好——收集邮票，而且对方必定也很感激徐晓林能忍痛割爱，自然也愿意帮助徐晓林。

与人交往之初，如果你能主动表明你和对方在价值观、态度、兴趣以及其他某些方面相近或者相同的话，那么就会让对方感觉到你们是同一类人，进而能拉近彼此间的心理距离，最终形成良好的人际关系。

为此，与人交谈中，你可以利用以下几点制造"自己人效应"。

1. 多强调你们之间的共同爱好和兴趣

若与对方有共同点，就算再细微的也要强调，人与人之间一旦有了共同点，就可以很快地消除彼此间的陌生感，产生亲近的感觉。这样不但可以使对方感到轻松，同时也具有使对方说出真心话的作用。

如果对方喜欢集邮，那么你可以对其说："我对邮票也非常有兴趣，可是一直不知道如何收集和分类，您能给我一些好的建议吗？"如果对方是个时尚女性，那么她对服饰和妆容也应该会感兴趣。如此一来，当你在跟对方沟通时就不怕没有话题，也比较容易拉近关系。

2. 多说"我"，少说"你"

为了能让对方觉得你和他是站在同一战线、是为了他好，你在说话的时候，不要总说"你应该……"而应常说"我会很担心的，如果你……"

3. 分享对方的感受

无论对方是向你报喜还是诉苦,你都最好暂停手边的工作,静心倾听。若边工作边听,也要及时给出反应,表达自己的想法或感受,倘若只是敷衍了事,对方得不到积极的回应,他也就懒得与你交谈了。

4. 多关心对方,从细节入手

懂得关心他人的人最容易获得他人好感。从另一个方面看,认同感的产生表明你已经赢得了对方的好感。通常情况下,如果你将这种好感搁浅,你们会返回到陌生人的状态,因此,你不妨多关心对方,这种关系自然会深化。

寒暄，是人际交往中的第一个"门槛"

寒暄又叫打招呼，是人与人建立语言交流的方法之一。它能使不相识的人相互认识，使不熟悉的人相互熟悉，使单调的气氛活跃起来，为双方进一步攀谈架设桥梁。和陌生人初次见面，因为两个人对彼此都不了解，所以谈话往往不知道应该怎样开始，这时，寒暄就可以派上用场。比如，"今天天气不错！"或者"最近都在忙什么啊？"，这些话听起来好像不重要，但是它们可以缓解尴尬的沉默气氛，让人感到亲切、舒适。

陈小姐是一家电子商务公司的销售主管，她很少在客户面前夸夸其谈，可那份亲切诚恳的气质和绝佳的口才，却赢得了上百位客户的心。

提起约见客户，公司一位新进的女业务员心理压力很大，总是跟陈小姐抱怨，不知道见面时该跟客户说什么，像平常一样打个招呼说声"您好"，显得太没新意；冒然带着礼物上门，目的性又太强。

言传不如身教，陈小姐在一次出差时带上了这位女下属，那是一项棘手的任务，公司给对方提供的方案，对方看了之后不太满意，看架势是不太愿意合作了。陈小姐此次去的目的就是说服对方，挽回合作的机会。作为业务代表，女下属心里一直忐忑不安，她心里想着：去了之后说什么呢？跟对方道歉？如果他们咄咄逼人该怎么办？

抵达A市后，接待她们的是对方公司的副总。见到客户，陈小姐说的第一句话是："林总，我得先谢谢您，在我生日的这一天，让我又回到了自己的家乡。"那位副总是A市人，听到陈小姐这么一说，顿时觉得亲近了许多。两个人聊起A市这些年的变化，甚至还谈起了当年读书的学校。最后，还是林总主动说起合作的事，在此之前两个人已经聊得如此投机，合作的事自然很快就达成了一致。

出差回去的途中，女业务员不禁对自己的女上司刮目相看。从前，只觉得她为人亲和，现在才知道，她在业务上也很出色，面对陌生的客户，通过一番寒暄就拉近了彼此间的距离，确实不简单。

听着下属的恭维，陈小姐会心一笑，故作严肃地说："我可不是为了让你夸我，才带你来的啊！就是想让你知道，谈话是需要氛围的，在正式交谈之前，要说上几句寒暄和问候语，这样能让不相识的人相互认识，让不熟悉的人相互熟悉，让严肃沉闷的氛围变得轻松活跃。"

寒暄传递的是轻松、促进友好的信息，是社交交谈中不可缺少的"佐料"。一句"早上好！""再见！您慢走"传到对方耳中，送去的是温暖与关怀，寒暄之"暄"从"日"不从"口"，为温暖之意。社交中，通过寒暄给对方多一些温暖与关怀，有利于沟通感情，创造和谐的交流气氛，这正是成功交际所需要的。

巧妙寒暄，拉近彼此距离，你需要做到以下几点。

1. 注意声音的大小

寒暄时的声音不宜过小，小声说话往往会给人不够开朗的感觉。另外就算不会给人不够开朗的感觉，也会给人缺乏自信心的感觉，这种人就算说话的内容再精辟，产生的感染力也不会太强。

2. 要充满感情

无论在学校、家里还是职场上，"上午好""下午好""晚上好""晚安"这类的问候语要天天说。比如，新知故友在街上相遇时，要相互打招呼；同事之间每天在办公室见面时要相互问候；左邻右舍在电梯或楼梯上相逢时要互相打一声招呼。

3. 要看对象、分场合

问候语具有非常鲜明的民俗性、地域性特征。比如，老北京人问别人"吃过饭了吗？"其实就是类似"您好"的问候语，你要是答以"还没吃"，就不大合适。而如果会见外宾还用这句话问候别人，就容易发生误会。因此，如果你对对方的身份不是很了解，那就说一些比较常见的问候语，以免造成不必要的误解。

4. 带着微笑寒暄

虽然寒暄时的用语和表达方式会因为每个人的文化背景和习惯有所差异，但是寒暄中的"带着笑脸""主动打招呼"是普遍的准则。假如我们有求于别人，遭到别人微笑着拒绝，我们也不至于太过抱怨。同样是拒绝，如果对方虽然礼貌，却无半点笑容，我们就会觉得受到冷遇，不愉快的心情也就油然而生。

寒暄还能传递尊重和关心。试想，如果一位客服人员没有与客户寒暄，进门后只谈与工作有关的话题，恐怕客户会认为客服人员对自己不够关心，双方的关系也就不会那么融洽，当然，客户也就不会主动说出自己的新需求。

用心经营，朋友之间需要多联系和问候

很多人都有过这样的经历：当自己遇到了困难，认为某人可以帮自己解决时，本想马上去找他，但后来想一想，过去有很多时候本来应该去看人家的，结果都没有去，现在有求于人了就去找他，是不是太唐突了？甚至担心遭到他的拒绝。但是这有什么办法呢？这个事实告诉我们，要常和朋友来往，不论对方是春风得意，还是正处于人生的低谷，我们都要保持联系，因为只有朋友之间没事多联系，在遇到事情的时候朋友才能够义气。

林杨与陈思是老乡，在同一个高中上学，恰巧两个人住在一个宿舍的上下床，每天一起吃饭，一起睡觉，情如姐妹。后来，林杨考进了北方的一所大学，陈思则考到了上海的一所大学。刚开始的时候，林杨和陈思还保持联系，经常写信互诉衷肠。随着时间的推移，她们在大学里结交了新的朋友，融入了新的生活，渐渐地她们的书信也越来越少，甚至于后来有了手

机，也很少打电话。林杨毕业后回到县城当了一名教师，每个月拿着固定工资，过着按部就班的生活。陈思毕业后留在上海，进了一家互联网公司，从事运营工作。有几次，陈思回老家看望父母，林杨虽然知道陈思回来了，但是都推说有事情而没有与陈思见面。

突然有一天，林杨打电话给陈思，很怀旧地说了一些高中时代的事情，又说了一些近况，谈话之间两个人都不胜唏嘘，觉得时光飞逝。让陈思措手不及的是，林杨话锋一转，唐突地说："小思啊，你现在混得真好啊，在大都市工资待遇一定是我们这些小地方的普通职工想不到的吧！你看，你能不能借我些钱，我想在县城买套房子。我靠每个月的工资实在是不知道何年何月才能凑齐一笔钱买房啊！"陈思的脑袋还没有从同学之情中转过来，不由得愣住了。虽然陈思在上海工作，但是因为刚刚毕业，工作经验少，而且刚到新单位，所以只是一个普通得不能再普通的小员工，每个月的工资除了付房租、车费、生活费外，所剩无几，哪里有能力帮助林杨呢。况且，陈思在大城市生活也想早日扎下根来，所以，虽然毕业第一年攒了几万块钱，但是都买基金了。她觉得自己不可能有多余的能力帮助林杨，于是婉言回绝了林杨。

从那过后，林杨和陈思又恢复了之前的状态，虽然有彼此的电话，但是很少联系。

平时不联系，只要联系就有所求，这样的人恐怕谁都会反感吧！在人际交往中，要得到别人的喜欢，就得让别人熟悉你，而熟识程度是与交往次数直接相关的。交往次数越多，心理上的距离越近，越容易了解彼此和建立友谊，由此才能形成良好的关系。

1. 重要的时刻，你要出现

在节日时打个电话给朋友；在朋友生日时，送一份祝福给朋友；休息时多约朋友出去参加一些活动，哪怕只是简单吃个饭；朋友邀请你参加他的活动时，你尽量去参加；许久没有朋友的消息时，主动询问一下他的近况；得知朋友遇到困难时，主动伸出援助之手。

2. 患难见真情

遇到对方有困难的时候，更应该勤加联系。如果朋友发生了什么不幸的事情，比如生病等，应尽量在第一时间想办法去看看。平日由于工作忙没有很多时间和朋友来往，但朋友遇到困难时一定要倾力相助，这样才能显出你们之间的深厚情谊和朋友在你心中的分量。

3. 不要喜新厌旧

保持与老同事的联系也是经营人脉的一种手段。聪明人绝不会在这方面犯喜新厌旧的错误,而是在和新同事发展友好关系的同时,不忘把老同事经营成稳固的人脉关系,为自己的职场之路铺就更广阔的平台。

我们千万不要平时不联系,一联系就有事相求。抱着"无事不登三宝殿"的心态对待老朋友是非常危险的,对方会认为我们是在用彼此的感情来做交易,根本不看重彼此的情谊。如此再深厚的感情也会土崩瓦解。

欠点人情，人与人之间才会你来我往

陈小兵虽然是个小伙子，但是他不爱喝酒，因为他喝酒之后总是身体不舒服。朋友请客、同事聚会，他都很少参加。不能喝酒陪着他们，陈小兵觉得累，更何况他怕欠人情。因为同事朋友请客，他不好不回请。他曾回请过几次，可他不喝酒，大家就客随主便，总是吃得不尽兴。

有一次陈小兵搬家，因为他所在的城市比较小，所以没什么搬家公司，于是他就打算自己一个人一点一点搬。听到他搬家的消息之后，他的几个同事都主动提出去帮忙，其实大家都是比较热情的朋友，但是陈小兵还是拒绝了他们。他们看见陈小兵像蚂蚁搬家一样一点一点地搬东西，觉得又好气又好笑。

其实，不管是平常的工作还是生活，每个人都有需要他人帮助的时候，毕竟一个人的力量是有限的，陈小兵也不例外。可是，他宁愿自己多走弯路，宁愿付出多倍的努力，也不愿开口求人帮忙，他怕麻烦别人，怕欠人家的人情。举例来说，朋友去国外，可以给他带点他需要的特产，他不愿麻烦人；有邻居去学校接送孩子,他忙于手头工作,也不愿意麻烦人家捎带孩子一程;遇到不会做的工作,他宁愿钻研半天,也不好意思开口问问其他同事……陈小兵宁愿事必躬亲,也不愿欠人情,虽然拒人于千里之外不是他的本意,但久而久之,他的做法无意之中伤害了很多人。他给人的感觉是非常难相处,渐渐地他淡出了"俗世"。

他高兴的时候、难过的时候、有成就的时候、失意的时候都没有人一起分担,每次都是自己一个人,也没有人跟他一起分享。陈小兵觉得非常孤独,这种孤独让他遇到高兴事的时候也从没有什么兴致。慢慢地,陈小兵感到很累、很伤感,他突然觉得自己需要改变现状,觉得自己应该活得开心一点。

于是陈小兵就去向一个情商很高的好朋友阿南请教。阿南听完他的倾诉,告诉他这么几个字"有些人情是用来欠的"。陈小兵听不懂阿南在说什么,觉得很奇怪,于是他就深问下去。阿南说:"别人主动帮你,你应该给对方一个机会;同事一起聚餐,你应该主动参与其中;遇到麻烦事,你应该适当让他人分担一点。不然,人与人的距离该如何拉近呢?"

此刻,陈小兵恍然大悟,感觉阿南一下子说到了自己的痛处。一直以来,自己从不愿意麻烦人,总怕欠人情,殊不知无形之间已拒人于千里之外。谁还会跟一个没有人情味的人接触呢？愿意欠点大家的人情，他身上才有人情味啊！人世间有些人情本来就是用来欠的！

欠了人情才会顺应人情世故的规则，想着去偿还人情，在一欠一还的过程中才能增进彼此之间的感情。偿还了人情，之后再欠人情，礼尚往来，两人之间的关系就会越来越密切，感情也会越来越深厚，心灵距离也会越来越近，从而巩固了自己的人脉资源关系。

生活中，很多人就像案例中的陈小兵一样，总怕欠人情，渐渐地自己就变得孤独。人情这个问题，不欠也不好，欠多了也是麻烦，其间的尺度大家还是需要把握好的。

1. 偶尔欠点人情，容易让人亲近

对于人情这回事，就需要有欠有还，在礼尚往来的过程中，彼此之间的距离也拉近了。若是一直不愿意欠人情，那会给别人一种较为强势的感觉，从心理上说，他们不人愿意接受这样的朋友。因此，在人际交往中，偶尔欠人情倒是可以成为拓展人脉关系的途径。

2. 对于他人的人情，要懂感恩

如果别人帮助了你，你要懂得感恩，这样才会有更多的来往和交际。如果你总是觉得他人对你的好是理所当然，那么，即便再亲的朋友也会对你寒心，你会给人留下一个没心没肺、不懂感恩的坏印象，以后遇到麻烦，大家都会躲着你。

3. 遇到麻烦，先尽力，后求助

想让我们与朋友的关系更和谐，就要凡事都靠自己的能力去完成，别太依赖别人，哪怕对方真的心甘情愿任我们驱使。遇到小困难，多努力一下我们便能解决，这是在帮助自己成长，也是在向朋友展示我们的实力和价值。如果实在解决不了，我们也要学会求助。

4. 自省，看人情是否已补上

避免人情债，还要学会自省，孔子说："吾日三省吾身。"对朋友也是一样，一个阶段过后，你要反思一下，你做的事是否合理，该给朋友办的事做了没有，答应的事情是否忘了，欠朋友的人情是否补上了。不自省，就会忽略了朋友，人家会以为你不重视他。

5. 要适度，不要欠人太多

人情欠得太多会让你有种受制于人的感觉，所以说你一定要记得把握住其中的度。人情是必须回报的，但是如何回报、何时回报、回报的代价是多大却从来没有什么规定。如果你欠了小情，却还了大债，岂不吃亏？如果你久久了难以还债，成了负担，岂不糟糕？

　　说到底人情就是一种人际关系，你来我往，慢慢形成一种交流。如果说你和其他人没有交往、没有人际关系，自然就没有人情的存在，但是我们不是生活在真空里，不可能不进行人际交流，因此欠下人情是自然而然、顺理成章的事情。

第七章

交谈中登门槛效应的应用：巧妙铺垫，顺理成章达成你的目的

求人办事，要有个"导入"的过程

生活中，人们对于那些关系一般或者不熟识的人都是心怀戒备的，并且也觉得没有必要答应对方的请求，而一旦对对方产生好感，并愿意与之结交后，对于对方提出的请求就会欣然答应了。因此，在求人办事时，倘若向特别要好和熟悉的人求助，可以直截了当、随便一点，但求助于关系一般的人、生人或社会地位较高的人时，则常常需要一个导入的过程。这个导入过程可长可短，得视情况而定。

刘先生最近公司资金状况出了点问题，他原本想通过向银行贷款解决这一问题，却被银行拒绝了，随后，他想到了某大老板张先生。但问题又出现了，据说张先生是个出了名的铁公鸡，从不愿意借钱给别人，怎么办呢？

刘先生深知用一般的方法来向他借钱，绝无成功的可能。他经过片刻思考后，就下定了决心，打电话给张先生，约好见面的时间和地点。这天，刘先生并没有开车，而是搭乘公共汽车前往，在离张先生家还有150米时，他就下车开始全速跑向张先生家。

那时虽是春天，但天已经开始热起来了，刘先生跑到的时候，已经是大汗淋漓，张先生见了他非常诧异地问："你怎么回事？一身汗！"

"我怕赶不上时间嘛，只好跑着来！"

"你怎么不打车呢？"

"其实，我很早就出发了，上了公共汽车后，却又遇到堵车，我看时间不够了，就只好下车跑过来了！"

"像你这种人也会坐公共汽车吗？"

"怎么不坐？我这个人很注重节约的，别人都说我吝啬，我怎么会坐计程车呢？坐公共汽车既便宜又方便，而且自己没有私车的话，也省了请司机的开销。其实，还是用双脚最好，碰到赶时间的时候，只要用它们跑就可以，既不花钱，又可强身，多好啊！我这种吝啬的人哪会像你们大老板一样有自己的私车呢？"

"我也很小气啊！所以，我也没有自家的车子。"张先生谦逊地说。

"您那叫节俭，我这叫小气，所以才有'小气鬼'的绰号。"

"但是我从来没听说过你是这种人。其实，我才真的被人认为是吝啬鬼。"

"张先生，人不吝啬的话是无法创业的，人不能太慷慨。我们做事业的人都是向银行或他人贷款来创业的，当然应该节俭，千万不能随便浪费钱啊！我们要尽量地赚钱，好报答投资人。钱财只会聚集在喜欢它、节俭它的人身上……我经常对下属这么说。"

刘先生的这些话使张先生产生了共鸣，于是张先生很反常地借钱给了这个相见恨晚的刘先生。

刘先生在求人办事上的这一套手法着实很耐人寻味，面对一个吝啬的人，他一反常人的做法，说明吝啬的好处，引起了对方的同感，继而成功借到对方的钱，挽救了他的事业。

求人办事时，对方能不能答应你的要求，能不能全力帮助你把事情办成，关键在什么？关键在他心里是怎么想的。他心里怎么想问题，就决定了他对你提出的事是给办还是不给办。一般来说，如果你和所求之人是陌生人或关系不熟，那么，你就不能急于切入正题，而应该先拉近双方的距离，让一切水到渠成。

那么，具体说来，求人办事的过程中，我们该怎样逐步导入正题呢？

1. 先找到共同的话题

面对不熟悉的人，一开始最好避免开门见山地直述自己要达到的目的，迂回地谈些其他事情，比如天气、足球、服装、电影……从中找到共同兴趣点，然后在共同感兴趣的话题上不露痕迹地、自然地转到正题上，这样可以取得很好的效果。

2. 秉持"说三分，听七分"的原则

许多善于说话的人都强调"听"的重要性，因为只有善于倾听才能达到目的，听人说话的本意在于了解对方的心意，把握对方的想法和要求。而对方是商谈的主角，所以应让对方多说，以对方为中心，自己多听，从而更能了解对方的态度。

3. 导入正题时注意运用容易为对方所接受的说法

一句内容和中心思想完全一样的话，由于说法不同，产生的效果可能会有所不同。有的可能会让人觉得亲切、易于接受，有的则让人觉得生硬。通常反复强调你的想法未必能发挥太大的作用。

另外，还要尽量防止自己的话无意间冒犯到对方。所以，在有求于人时应事先对对方有所了解，若无意中冲撞了对方，岂非前功尽弃？

人们对于自己不熟悉的人或事，往往都持有一种排斥的心理。因此，任何请求，如果直截了当就会显得突兀，让对方难以接受，如果我们能巧妙铺垫，然后再导入主题，对方会更易接受。

登门槛效应

先赞美对方，让对方心甘情愿帮助你

生活中，每个人都喜欢听好话，"好话"也就是人们所说的赞美，因为它会激发听者的自豪和骄傲。从我们自身来说，赞美完全可以是求人办事时最好的手段之一，我们先赞美对方，让其不好意思拒绝你的要求。比如，我们可以给对方一个超过事实的美名，让其自我感觉良好。这样在跟他说话的时候，他就会在心里有一种自己很受人尊敬的感觉，对于你的请求他又怎么好意思拒绝呢？

一位妇女抱着小孩上火车，车上位子已经坐满，而这位妇女旁边的一位小伙子却躺着睡觉，占了两个人的位子。孩子哭闹着要座位，并指着要他让座。小伙子假装没听见。这时小孩的妈妈说话了："这位叔叔太累了，等他睡一会儿，他就会让给你的。"

几分钟后，小伙子起来客气地让了座。

这位妇女无疑处于"求人"的地位,她能靠一句话求人成功,聪明之处正在于以一个"礼"字把对方架在了很高的位置:他应该休息,而且他是个好人,如果他不"睡"了,他会主动让给你的。显然,一个再无礼的人面对这样的礼貌也不会无动于衷。我们再来看下面一则故事:

某工程机械制造厂的科长与其部属的对话:"小李,你看起来气色蛮好的嘛,听说最近挺清闲的?你看人家小张,多忙!在这个社会上总是能者多劳的。不过听说你的英文很棒,反正闲着也是闲着,帮我翻译一下这篇稿子,这个礼拜就要!"

"这礼拜?我恐怕要跟你说声抱歉。下星期一我有一个会议,必须准备一些相关资料,所以可能没时间为你翻译,科长不也是大学毕业的吗?我看根本不用托我嘛,反正我正职的工作都做不好,更别说翻译这么重要的事情了。"

"啊,我知道了,算了,不求你也罢。"

这位科长求人办事的方法实在不对,找部属替自己翻译,是要去说服而不是贬低他。拿对方同别人相比,言辞间流露出批评之意,甚至还批评对方工作没做好。如此一来,对方哪还会想替你做事，这实在是糟糕透顶的谈话。事实上许多人都是这样，在求人办事的时候，不懂得抬高对方，反而伤害了他人的自尊，却还一副若无其事的样子。碍于上司与下属的关系，对方即使受到伤害，也不会当场和你翻脸，但久而久之，部属心中对上司的不满也会忍不住要溢于言表了。

如果这位科长像下面这样说话，就不会碰壁了。"小李，你最近有空吗？听说跟你同期的小张最近很忙。知识经济时代，真是能者多劳啊。下周又要开会，你现在一定也很忙吧！我曾听人说你的英文不错，不知能否抽空帮我翻译一下这篇文章呢？是非常重要的资料，急着要的，行吗？"

如此和气的请托，谁会忍心拒绝呢？为什么换一种说法小李的情绪就和前例迥然不同呢？这是因为他的自尊心得到了极大的满足。无论是谁，对自身拥有的东西都会有一种自豪、珍惜之情。尊重这份感情，也就能赢得对方的信赖，获得对方的帮助。

那么，要怎样表现自己对他人的尊敬呢？

1. 了解对方，给对方戴一顶最适合的"高帽子"

每个人都有其最自豪的地方，我们抬高别人之前要先找出对方最值得赞扬的地方，然后加以赞赏，这样必然会得到他的好感，要说服他或者请他帮忙也就不再是难事了。

2.不着痕迹地夸大别人的优点

抬高别人难免要说一些奉承话、恭维之辞,因此,我们在抬高别人的时候,一定要说得巧妙,最高明的做法是自然而然,不露痕迹。

3.适当示弱求帮助

用商量的口吻向对方说出自己要办的事是一种巧妙的办法。装作自己没有任何把握,将建议与请求等慢慢表达出来,给对方和自己留下一条退路。比如说:"这件事我办起来很困难,你试试如何?"

所谓的"抬高对方",在求人办事时就是"捧",是指对所求的人的恰到好处、实事求是地称赞,而不是漫无边际、肉麻地吹捧。求人时说点对方乐意听的话,尤其是在与所求的事有关的方面称赞一下对方,也不失为一种求人的好办法。

登门槛效应

把赞美、恭维人的话说到对方心坎里，让他人喜欢与你相处

人类都有一个共同的心理，就是希望自我价值被肯定，自尊心和荣誉感被满足。有位企业家说过："人都是活在掌声中的，当部属被上司肯定，他才会更加卖力地工作。"根据这一心理，我们在为人处世的过程中，嘴甜一点，把赞美、恭维人的话说到对方心里去，会让他人喜欢与我们相处。

法国的拿破仑就非常知道恭维的力量，而且他也具有高超的统帅和领导艺术。他主张对士兵要"不用皮鞭而用荣誉来进行管理"。他认为一个在伙伴面前受到体罚的人是不可能愿意为你效命疆场的。为了激发和培养士兵的荣誉感，拿破仑为每一位立过功的士兵加官晋爵，而且会在全军进行通报宣传。他正是通过这些赞美和变相赞美，激励士兵勇敢地战斗。

的确，人人都喜欢正面刺激，不喜欢负面刺激。人际交往中的恭维也是有规律可循的。很多人在恭维他人的时候，会因为恭维不到位，或恭维语言不当而弄巧成拙，让他人感觉有奉

承之嫌。真正会说话的人会巧妙运用恭维的艺术，在不显山露水间表达自己的赞美之意。

有一位先生，听说外国人都喜欢听别人的赞美，尤其是女士，最喜欢听别人说自己漂亮。后来，他出国了，便想试着去赞美别人。

一次，他去逛超市，迎面走来一位很胖的妇女。他习惯性地对这位妇女说："女士，您真是太漂亮了！"

不料，这位妇女狠狠地瞪了他一眼，毫不客气地说："先生，你是不是离家太久了？"

这位先生可以说是好心办了坏事，原本想对这位女士赞美一番，却招来对方的厌恶，可谓无辜。出现这一情况，就在于他不善赞美。

人们喜欢被恭维，但对于那些肉麻的奉承则会感到恶心。那么，人们究竟希望得到什么样的赞美呢？我们又该如何去巧妙地赞美他人呢？

1. 把握恭维的度，话要说得恰如其分

真诚的赞美应该是恰如其分的，不空泛、不夸大、不含糊，具体、确切，而且所要赞美的事情也并非一定是大事，即使是别人的一个很小的优点，只要给予恰如其分的赞美，就不属于拍马屁。

2. 发自内心地恭维

当我们真诚地赞美别人时，对方也会由衷地感到高兴，并对我们产生一种好感。所以，要想缓和增进双方的关系，拉近彼此的距离，不妨对其使用真诚的赞美。

如果我们对一个六十岁的老太太说："您的皮肤真是和二十岁的姑娘一样好啊！"对方一定会认为我们不够真诚。

3. 背后恭维

要赞美一个人，直接赞美固然能起到作用，但间接赞美的效果更明显。比如，如果我们当面说别人好话，说得不当可能会被认为我们在奉承他、讨好他；然而在背后说这些相同的好话时，被赞美者就容易接受我们的赞美之词，也容易领情。你不要担心这些赞美的话对方听不到，语言传递的力量是我们无法估量的。

4. 恭维的话要说得具体

赞美要具体，不能含糊其辞，否则可能会让对方感到混乱和窘迫。赞美越具体，说明你对被赞美者越了解，也越容易让对方接受你的赞美。

克莱斯勒公司为罗斯福总统制造了一辆特殊的汽车，因为他下肢瘫痪，不能使用普通的小汽车。工程师将汽车送到白宫，总统立即对它产生了极大的兴趣："我觉得简直不可思议，只需按一下按钮，车子就能跑起来，真是太奇妙了！"

他的朋友们也在一旁欣赏汽车，总统当着大家的面夸奖："我真感激你们花费时间和精力研制了这辆车，这是件了不起的事！"总统接着欣赏了车的散热器、车灯等。也就是说，他提到了车的每一个细节，并坚持让夫人和他的朋友们注意这些装置。

这些具体的赞美，让人感到了他的真心和诚意。

任何人都拒绝不了恭维，因为恭维是一种对自我价值的认定和赞同，然而若是恭维不当，就如同隔靴搔痒，不仅起不到好的作用，反而更像拍马屁，会引起对方反感。

提出请求前，要进行适度的热身运动

求他人帮助，如果关系够铁，可以直截了当，开门见山。如果关系不够铁，最好还是不要直奔主题，这样会让对方感到没有心理缓冲的时间，因而心理上难以接受。就像是跳高运动员在起跳之前一定要有足够的助跑距离一样，我们在向他人提出请求时，也要进行适度的热身运动。举个最简单的例子，假如你与一个朋友很久没有见面了，彼此甚至感到有些生疏，你会向他提出请求吗？即使你真的提出了，恐怕对方也不会很痛快地答应。因而，我们千万不要等到需要朋友时，才想起来和朋友联系，而应该在平常的日子里就经常和朋友保持联络、维护感情。这只是预热的一部分。

真正提起请求帮助的话题时，应该由小及大，利用登门槛效应。简而言之，如果你一开口就要借款十万元，朋友很可能当机立断拒绝你。假如你能够先向朋友借款两万元，然后借三万元，最后借五万元，也许成功率就会高很多。从心理学的角度来说，在朋友答应借你两万元的时候，虽然金额不大，但是其已经从内心深处信任和接纳你了。因而，在你再次"得寸进尺"地提出借款三万元的请求时，朋友也许就不会特别抗拒，尤其是在又借了三万元给你的情况下，再借给你五万元，朋友就更不会抗拒了。这样一来，你的请求也就更容易得到满足。

在请求他人帮助时，我们也可以采取这种"得寸进尺"方式。当然，在提出请求之前别忘记闲谈。大多数人在闲谈的时候，心情都是比较放松的，因而对他人没有那么戒备。虽然这些闲谈看似没有意义，但是能够对人们的心理起到很大的影响作用，拉近你们之间的距离，甚至把你们从不那么熟悉的人，变成熟人。这种情况下，如果彼此相谈甚欢，那么当你提出小小的请求时，对方根本不好意思拒绝。

最近，美美要出差，她在这个大城市独居，根本没有地方寄养她心爱的吉娃娃。思来想去，也只能寄养在平日里有着点头之交的邻居小敏家里了。小敏和美美一样，也是独自一人在大城市生活，没有合租的人，因而只要她同意即可。

想到就做，美美马上牵着吉娃娃出去，等候在小敏回家的路上，装作偶遇的样子。果不其然，带着吉娃娃在楼下撒了一会儿欢，小敏远远地就踩着高跟鞋回来了。看到美美和吉娃娃，小敏走上前来，拿出一根玉米肠给吉娃娃吃。美美赶紧问："小敏，你今天下班挺早的啊！"小敏回答："嗯，每天都差不多这个时候，今天没有特殊的工作要加班！"说着，小敏还摸了摸正在吃玉米肠的吉娃娃，美美见状赶紧说："小敏，你也喜欢小狗啊！"小敏点点头，说："嗯，其实我早就想要一只吉娃娃呢，它特别可爱。只不过因为我经常出差，所以一直都没有养，怕不能好好照顾它。"小敏的话一下子说到了美美的心坎里，美美赶紧说："是的呢，就为了吉娃娃，我找工作时特意说明不能出差，但是很不巧，我这份工作都干了三年多了，偏偏明天要出差，我正发愁吉娃娃没有地方寄养呢！小敏，你这两三天会出差吗？"小敏摇摇头，说："应该不会，我们都会提前通知的。"美美为难地说："我能不能把吉娃娃寄养在你家里几天呢，它很乖的。如果不行的话，我只能把它锁在家里了，我很担心它。""锁在家里，那多可怜啊！要是你放心的话，我就帮你养两天，不过我可从未养过，不知道能不能养好呢！"小敏有些不自信。听到这句话，美美高兴极了，说："你肯定能养的，只要给它准备好吃的喝的，早晨和傍晚各遛弯一次就行了。你放心，我会给你准备好所有的东西。"小敏笑着答应了。

在这个事例中，美美并没有直接和小敏说要寄养小狗的事情，而是选择了一个随处可见的话题，提起小敏下班还挺早的。这样一来，她们就理所当然地搭上话了，愉快地聊天后，再把话题引到吉娃娃身上也就不显得突兀。在前面铺垫了小敏喜欢吉娃娃，甚至还早就想养吉娃娃的话题之后，美美自然而然地说出请求小敏帮自己养吉娃娃的事情，小敏自然无法直接拒绝。尤其是美美说如果没有地方寄养，就把可怜的吉娃娃锁在家里，更令小敏动了恻隐之心。这就是美美的高明之处。

细心的人会发现，很多带着孩子的妈妈，只要在公共场所相遇，就会马上以孩子为话题谈得火热。同样的道理，很多喜欢小狗的人，只要在公共场所遇到，也会马上因为小狗变得亲近起来。这种心理上的亲近感是因为对同样的事情痴迷引起的。也许有人会问，我应该怎么与人闲谈呢？其实，你准备求助的那个人与你一定不是完全陌生的关系，而且肯定是有了一定的交往之后，你才会想要求助于他的。在这种情况下，只要你认真用心，凭着对对方的粗浅了解，一定能够很快找到合适的话题，诸如服装、天气、美食，或者交通，都可以拿来作为闲谈的话题。所谓世上无难事，只怕有心人。只要你是有心人，总能想出办法与他人搭讪、攀谈，甚至在很短的时间内迅速熟悉起来。

求人办事，不要奢求一步到位

生活中的很多时候，得寸进尺都是带有些许贬义的词语，似乎总是与贪得无厌、索求无度相联系。实际上，如果能够在求人办事时很好地利用得寸进尺的策略，则不但能够顺利得到他人的帮助，甚至还能让你一步一步地得到最大的满足。这是因为人们从心理上来说，都是能够接受小小的付出，而排斥一下子付出太多的。以"得寸进尺"的方式逐步提出要求，恰恰满足了被求助者的这种心态，让被求助者更加容易满足求助者提出的小要求，再渐渐满足求助者提出的大要求。

所谓饭要一口一口地吃，求人办事时千万不要因为急于一步到位，就狮子大开口，一下子把自己最大的请求说出来。这样非但不能帮助你如愿以偿，反而会导致事与愿违，甚至把被求助者吓得将你拒之门外。如此一来，就连些许的机会都没有了。聪明的求助者总是先以小要求给被求助者进行心理铺垫，等到被求助者渐渐接受他所提出的小要求时，再逐渐增加要求的分量。举个最简单的例子，假如你让一个人一步跨上十级台阶，他无论如何也不能实现，除非是姚明的大长腿才有可能。但是如果你先要求对方迈上一个台阶，然后再要求他迈上一个台阶，如此循序渐进，再让他一步迈上两个台阶，甚至努力一下迈上三个台阶，则难度就会相应降低，也显得更容易接受，也更符合情理。

作为一名新入职的推销员，杨辉每次去拜访客户时，都会被毫不留情地拒绝。这使他在三个月的试用期即将结束时，工作依然没有任何起色。那天下午，杨辉知道如果自己的推销工作依然毫无起色，就会被公司辞退，不由得心情沉重。他像往常一样来到一家位于写字楼里的公司，在把随身带着的彩色打印机展示给负责人看之前，他因为心情沮丧，向负责人讨要了一杯水喝。看着杨辉精疲力竭的样子，负责人同情地说："哎，你们也不容易，拎着这么重的打印机挨家挨户地跑，也很累。"

喝完水之后，杨辉再次像往常一样开始向负责人推销，出乎他的预料，负责人非但没有拒绝，还听得很认真。直到听完杨辉耐心地讲述，负责人才说："正好我们公司的彩色打印机也有些年头了，色彩不够艳丽。不过这个月已经月末了，支出紧张，等到月初的时候你直接给我送一台新的打印机如何？"

杨辉做梦也没有想到自己居然就这样得到了对方慷慨的帮助。他非常兴奋，对着负责人千恩万谢，说："这样吧，我先把这台样机留给你们试用，等到月初再给你们送一台新机子来，这样也不耽误你们使用了。"看到杨辉想得如此细致周到，负责人居然成为他的老主顾，只要是杨辉有的办公用品，他都会选择从杨辉处订购。

在这个事例中，杨辉也许不知道自己为何能够突然取得成功，但其实是有原因的。以前，杨辉每次到达推销的公司就会直接拿出打印机展示给客户看，但是如果客户恰巧没有时间，或者心情不耐烦，又暂时没有强烈的购买需求，马上就会拒绝杨辉，根本不给杨辉任何机会。这次则不同，杨辉先是张口向客户讨要了一杯水喝，正是这杯水打开了客户的心扉。要知道，谁会拒绝给人一杯水的请求呢？但是一旦接受了这个请求，也就意味着你与这个求助者有了一定的交情，等到杨辉开始正式推销和介绍打印机的情况时，客户自然也就不好意思再声色俱厉地拒绝。这是第一步，杨辉为自己争取到了一个展示的机会，也使得客户能够耐心地听他介绍。

虽然这只是一个简单的事例，但是客户的心路历程恰恰印证了我们的推论：在求人办事的过程中，假如我们能够灵活巧妙地使用登门槛的方法，先提出一些小小的很容易满足的要求，再继续提出更大一些的要求，最后才提出最大的要求，如此循序渐进，一定更有可能得到他人的帮助。人与人之间的任何交往，都离不开心理的支撑，我们唯有更加深入地把握心理的规律，才能顺利地打开他人的心扉，最终如愿以偿，事半功倍。

第八章

利用登门槛效应战胜拖延：
自律的好习惯，需要循序渐进
逐步养成

第八章　利用登门槛效应战胜拖延：自律的好习惯，需要循序渐进逐步养成

拖延带来的快感，不过是自欺欺人的一团糟

我们在工作中，常常听到一些领导者鼓励下属："有压力，才会有动力。"诚然，在某些压力下人们能挖掘自身潜力，但如果你是一名拖延者，你绝不能以此作为拖延的理由。你可能会以为将工作拖到最后，在剩下几小时的时间内加班能聚精会神，效率非常高，你认为这是一件非常刺激的事，但你最后完成的工作成果真的让你感到满意吗？你也真的能在规定时间内完成吗？万一出现突发状况怎么办？

美国特拉华大学的心理学家在研究人们拖延产生的心理原因时，提出了一个名词——寻求刺激，他们认为一些人会享受拖延带来的劣质快感，这些人喜欢在高压下做事，每当他们肾上腺素上升的时候，他们感觉十分刺激，那事实又是如何呢？这些人根本不可能很好地完成任务。

的确，其实很多人真正享受的并不是集中精神工作的快感，而是在剩余不多的时间内产生的焦虑感，他们并没有把自身内在的潜力逼出来，通常只是会草草结束手上的工作。

事实上，无论是谁，如果不改掉拖延的毛病，都必须要承受一定的代价。所以，为何不立即动手、踏踏实实地工作呢？如果你能现在就办，你享受的才是充实的快乐。

米勒是一家外企的市场部经理，他的工作直接或间接地影响到市场部门乃至全公司的人的业绩，他总是忙得不可开交，想找点时间度假非常困难，可是他的工作却从来也没有干完过。后来，他接受了一位效率专家的建议，从此他的时间变得宽裕多了。

米勒说："现在我不再加班工作了。我每周工作50~55小时的日子已经一去不复返，也不用把工作带回家做了。我在较少的时间里做完了更多的工作。按保守的说法，我每天完成与过去同样的任务后还能节余1小时。

"对我有极大帮助的另一点是'现在就办'的概念。我使用的最重要的方法是制订每天工作计划。现在我根据各种事情的重要性安排工作顺序。

"我有意识地尽力克服工作上的拖拉现象。首先完成第一号事项，然后再去进行第二号事项。过去则不是这样，我那时往往将重要事项延至有空的时候去做。我没有认识到次要的事项竟占用了我的全部时间。现在我把次要事项都放在最后处理，即使这些事情完不成我也不用担忧。对此我感到非常满意，因此我能够按时下班而不会心中感到不安。"

米勒的时间管理方案是有效的，根据他的说法，他节省时间的方法就是立即处理，拒绝拖延。

人类的天性中有很多缺点，成功者之所以成功，就是因为他们多半能克服这些缺点，无法克服的人则沦为平庸者。当然，任何习惯的改变都相当困难，其中就包括拖延。由于拖延而造成不良后果的事件很多。比如，你因为拖延必须加班，且认为自己加班完成的策划案充满创意，第二天你将以为完美的工作交上去，谁知道被领导一顿痛批，于是你只好重新来过；周一早上，你到很晚才起来，你急匆匆吃完早饭，拿起公文包就往公司赶，到了公司才发现一份重要的文件落在了家。再比如，身为学生的你，每周末总是到晚上才开始准备周一要交的作业，结果因为时间不够只好抄袭其他人的，你的学习成绩也总是不能提高……在这些反反复复的过程中，你失去的是什么？是宝贵的时间！

我们再来做个假设，每天早上我们早起一小时，安排好一天的工作和生活，吃个早饭，锻炼好身体，精神抖擞地去上班，你会发现，你充满了精力，即便平时看起来难做的工作，好像也变得轻松了许多。认真工作的结果就是，你节省了时间，得到了上级和同事的信任。与匆匆忙忙、一团糟的生活相比，你更倾向于哪种？

拖延的毛病容易给人带来麻烦，不但影响你的学习成绩、升学考试、就业升职，还有可能给人们的生活带来不幸，但最直接的就是浪费时间，耗费生命。同一件事，拖延者所花费的时间远比立即行动者多得多。拖延从表面上看似乎不是什么大毛病，但若不及时纠正，将直接影响到我们的一生。

一位父亲告诫他的孩子说："无论你以后做什么样的工作，都要做到勤奋努力、全力以赴。要是你能做到这一点，你就不必担忧自己没有好前途。你看这世界上到处都是散漫、粗心的人，做事善始善终的人是供不应求、深受欢迎的，只有认认真真做事的人才是未来竞争的成功者。"

这位父亲的话是有道理的，一个人的成功并不在于他在做什么，而在于他有没有做到最好、做到位。成功者之所以成功，就是因为他们具备一个品质——比别人起得早、睡得晚。因此，我们在学习、生活和工作中应该以更高的标准要求自己，比别人先着手，就赢得了更多的时间。

所以，任何一个企图从拖延中获得快感的人都要认清一点：做任何事都没有捷径！学习一下那些本本分分工作的人吧，不迟到、不早退、不磨洋工，上班了立即动手做事，下班了踏踏实实享受快乐，这样的工作状态才能帮我们抓住踏踏实实、稳重的幸福，长此以往，你的能力也会获得质的提升。

登门槛效应

短期目标的实现,让你获得了"登门槛"的动力

每个人都是这个世界上独一无二的个体,因而每个人对于人生的追求也截然不同,甚至每个人对于成功的定义也是各不相同的。在这种情况下,人与人之间完全无须整齐划一地追求相同的成功或者渴望实现共同的人生目标,因为每个人只需要对自己负责,而无须把别人的人生照搬到自己身上。确立人生目标非常重要,过高的目标带给人马拉松比赛式的疲惫,使人觉得哪怕精疲力竭也未必能够实现。过低的目标又让人觉得轻而易举就能实现,因而缺乏挑战性,无法对人起到更大的激励作用。从这个角度考虑,目标唯有高低适度,才能最大限度地实现,也才能激发出人的潜能。还需要注意的是,目标不要定得过于长远,使人根本看不到预期。当然,我们需要一个长期目标作为人生的大目标和人生的指南针,与此同时,为了更好地实现目标,我们还需要学会分解目标,把长期的目标分解成中期目标,再把中期目标分解成短期目标。这样,当我们通过

努力实现短期目标时，就会觉得人生目标是可以实现的，也会因此感受到成功的喜悦和满足，而且这种积极的感情又能够激励我们在人生路上不断前进，也能够激励我们不断迸发出力量，从而继续实现短期目标，最终聚少成多，真正获得人生的成功。

细心的朋友会发现，很多人并非没有目标，也并非没有展开实际行动去实现目标，只是因为他们的目标过于远大，所以他们很容易被远大的目标击垮，发自内心地感到绝望。要想解决这个问题，就要对目标进行分解，从而让大目标变成可以看得见、摸得着的小目标，而且是经过小小的努力就能实现的小目标。那么，如何进行目标分解呢？当然，这要考量人生中的很多情况，才能把事情处理得圆满。当然，也因为人生是不断向前发展的，所以在分解目标的时候还要以发展的眼光看待人生，也要考虑人生在不同阶段可能面临的诸多问题，这样才能做到合理划分人生的目标，从而让人生成为分段完成的模式，也给予作为生命主体的我们更多希望与满足。

为自己制订目标时，千万不要好高骛远。例如，如今职场上很多刚毕业的大学生在为自己制订目标时就犯了眼高手低的错误。在找工作时，很多大学生对自己信心满满，希望自己找到高薪水、低付出的工作。殊不知这样的工作很少存在，或者说即使存在也不属于毫无工作经验和人生阅历的大学生。哪个人在初出茅庐的时候不需要付出努力呢？大学生尤其如此。大学生从大学校园毕业并非意味着以后可以不用学习，而是意味着人生从此进入持续学习和终身学习的阶段。所以，大学生唯有准确定位自己，才能合理分解人生目标，使远大的人生目标成为一个个切实可行的小目标，也能够得到良好的贯彻执行。

有些人好高骛远，喜欢夸大自己的能力，但实际上大多数人都是普通而又平凡的存在，我们应该理智地认清自己，从而在人生的道路上一步一个脚印。

这个世界上从来没有天上掉馅饼的好事，更不会有一蹴而就的成功。任何情况下，我们都必须学会调整目标，才能一个台阶一个台阶地向着人生的巅峰攀登。在设定目标的时候，我们要考虑目标的可行性，及时对目标进行分解，这样才能避免因为目标过于远大而无法实现。具体而言，我们可以先写出大目标，然后用逆向推理的方法思考如何才能创造条件实现这些目标，再以此类推，直到把目标分解成我们经过努力就能实现的小目标，接下来就是不遗余力去做。总而言之，自律的养成是漫长的过程，绝不是朝夕之间就能实现的，我们需要有自己的长远规划，通过人生目标来管理和指引自己的人生，对自己的人生全权负责！

聚少成多，学会利用零散的时间

在成功者眼中，哪怕是金钱，也无法与时间相媲美，对他们而言，时间是最重要的资源、最宝贵的资源，同样也是人生中最有价值的资本。因此，很多成功人士向来都把时间看成金钱，对时间精打细算，绝不浪费一分一秒的宝贵时间。实际上，一个人要想管理好时间，就要拥有自律的精神。当然，所谓自律精神并不像很多人理解的那么狭隘，觉得自律就是严格管束自己，实际上自律是对时间的掌控和支配。

细心的人在生活中总有这样的感受和体验，例如，和有些人约定时间的时候，只需说大概哪一天就可以，而跟另一些人约定时间的时候，必须把时间精确到几时几分。毫无疑问，对时间精确把握的人也是对时间分秒必争的人。他们不但要求别人遵守时间，而且要求自己必须遵守时间。正是因为对时间如此珍惜，他们做事情的效率才会更高，他们的时间利用率也才会更好，所以他们会拥有更多的财富，获得更大的成功。

现实生活中，也有一种人很珍惜时间，他们对于时间的利用率只体现在私人生活中。例如，每到下班的日子，他们哪怕还有10分钟就能处理完当天的工作，也会马上下班，这样的人虽然下班很准时，但上班也会分秒必争。然而，有的人与他们恰恰相反，在工作时间里不能全心全意完成工作，等到下班之后又占用下班时间磨磨蹭蹭完成未完的工作，这样一来，他们下班也不能专心，上班也必然三心二意。实际上，作为管理者应该表扬前者，而不要表扬后者。人对于时间的观念会折射在他们生活的方方面面，一旦养成良好的作息时间，人的生活和工作都会受益。在这种情况下，做很多事情都会效率倍增。那么除了规划好整体的时间外，还要如何做才能珍惜时间呢？

众所周知，人生是很琐碎的，除了工作时间是大块的时间外，其他的时间都被各种琐碎的事情割裂了。在这种情况下，有效利用零碎的时间，循序渐进完成大的事情是很有必要的。例如，很多大学生都有初步的学习意识，想利用大学时间多考几个证书，或者提升自己的英语水平。在这种情况下，他们只能先保证学好学校的课程，才能利用零散时间完成其他学习任务。经过积少成多，就有可能实现人生质的飞跃。

现代社会，市场竞争越来越激烈，每个人要想在社会中生存下来都要学会利用零散的时间。如果说在时间面前人人平等，那么当一个人把时间聚少成多，他就相当于在时间面前跑赢了大部分人。尤其是在信息时代，掌握时间的人就能抢占先机，就能赢得人生中更多的机会，也就有了获得成功的更大可能性。

所以，朋友们，赶快行动起来吧，得时间者才能更从容地面对人生，把握命运！

提升自制力，逐步消除引起坏习惯的诱因

通常情况下，我们无法确定到底是什么原因触发了一种行为，更不知道自己将会对这样的行为作何反应。然而，"诱因"和"行为"之间存在先后次序，它们之间有着类似于因果的关系。诱因是先出现的，带有诱惑的意味，但是诱因并非起决定性作用，只是一种诱惑而已。诱因虽然能引诱我们做出某种行为，却并不强迫我们必须做到某种行为。归根结底，诱因只是一种诱发，而不会对我们的行为产生决定性影响。对于意志力强大的人而言，如果能抵抗这种诱因，就会成功地实现自律，让自己按照既定的规划去做。而如果一个人意志力薄弱，那么就无法抵抗这种诱因，自然会成为诱因的俘虏，导致自律毫无效果。

日常生活中，很多男性朋友喜欢抽烟。实际上，他们并非真的离不开香烟，而是因为已经形成了抽烟的习惯。例如，人们在感到焦虑的时候会想抽烟，这实际上就是导致抽烟行为切实发生的一个诱因。在尼古丁的刺激下，抽烟的人会觉得心中

得到安慰，精神上也变得愉悦，因而对于抽烟更加热衷，最终养成抽烟的习惯。这也是很多人在戒烟时，往往会以零食来代替香烟，导致体重猛增的原因。实际上，戒烟未必要依靠吃零食进行，也可以用运动的方式缓解内心的焦虑，从而使得戒烟顺利进行。

拉凯特别喜欢啃指甲，不管是正在上课还是正在看电视，她总是情不自禁地把指甲放在嘴里啃咬，哪怕指甲因此受到伤害，她也无法戒掉这个习惯。无奈之下，父母只好带着拉凯去看心理医生，经过一番询问，心理医生了解到拉凯每当觉得手指难受，就会情不自禁地啃指甲。而当拉凯无事可做的时候，她就会因为无聊而觉得难受，感到双手无处可放。她因为无聊而感到手指不舒服，才会啃指甲，她最终进入了恶性循环：一旦觉得无聊，就要啃指甲。这样的恶性循环，使得拉凯咬指甲的习惯日益强化，而且变得越来越严重。

心理医生给了拉凯一张卡片，让拉凯再次感到手指不舒服的时候，就在卡片上做一个标记。结果一个星期内，拉凯在卡片上做了二十多个标记。拉凯知道自己真的需要改掉啃指甲的习惯了。在对自己的无聊反应有初步了解之后，拉凯在心理医生的建议下，每当感到无聊或者想啃指甲的时候，就让自己的手有事可干，她或者拿起画笔画画，或者忙碌地做些什么，从而抵抗想要啃指甲的冲动和欲望。有的时候，拉凯还会用手指敲击桌子，这渐渐取代了啃指甲，同样使拉凯感到满足。就这样，几个月之后，拉凯彻底忘记了啃指甲这件事情，也消除了自己内心的困扰，变得快乐起来。

要想战胜那些不知不觉中形成的坏习惯，让自己恢复自律，首先要消除引起坏习惯的诱因。例如，看起来手指不舒服是拉凯啃指甲的诱因，实际上，感到无聊乏味才是拉凯啃指甲的根本原因。因而当再次感到手指不舒服的时候，拉凯首先要做的不是安抚自己的手指，而是马上让自己的手活动起来，变得忙碌而又充实，这样手指不舒服的感觉就会渐渐消失，自然啃指甲的行为也好转了。

习惯一旦养成就很难改变，唯有剖析内部的深层原因，才能对习惯更加了解，也才能让习惯的改变事半功倍。当然，改掉坏习惯的过程同时也是建立好习惯的过程，严格的自律让好习惯的建立事半功倍，也让坏习惯的消除马到成功。

摒弃对抗，找到成长的契机

在我们周遭的很多领域中都在上演着拖延大战，尤其是在那些具有权力等级差异的环境中。你会发现，自打你进入这家公司以来，已经有三年时间了，你的上司不断更换，他们也总是能平步青云，直接晋级为更高层次的领导，但你依旧是必须听从于他们的小职员，你觉得自己的前途渺茫，于是你把这种情绪发泄到工作上，拖延也许就成了你对抗上级的一个方式。

已经一个星期了，主管催了你几次该交月报表了，你心想："为什么我总在做这种简单、重复的工作，为什么我得不到提拔？"于是，你最后还是随便给了上级一个理由把这个工作继续拖延下去。此时，拖延起到的是平衡你心理的作用，这样你的上级也就不再显得那么权威了，因为你的借口让他不能再逼迫你去完成工作，你觉得自己有了决定的能力。

其实，不仅是职场，在很多具有权力等级的关系中，都存在拖延这样的对抗方式，比如高度集权的团体、家教森严的父母子女之间或者是师生之间等。也许你认为拖延会让你产生胜利的感觉，但你没有意识到的是你牺牲的可能是时间、精力、金钱、良好的人际关系等。对抗上级，轻则让你庸碌无为，重则会让你在职场处处碰壁；对抗师长，你错过了正确的引导，耽误了学习、浪费了生命。

所以，在我们想拖延去做一件事之前，最好先反思一下：我为什么想拖延，这样拖延对我真的有好处吗？要知道，一旦拖延成为你的习惯，它很有可能成为你一生失败的根源。破除和摒弃它才是我们应该努力做的。另外，很多时候，那些被我们对抗的对象其实是帮助我们成长的良师益友。

我们先来看下面这个故事：

宋代大文豪苏东坡的才气人尽皆知，但他还有一段不为人知的从业经历。

他可以说是少年才俊：22岁就考中进士，27岁中制科第三等。北宋政府为了表示对人才的器重，任命苏东坡到凤翔府做通判，上任以后，苏东坡的工作就相当于现在职场中的助理，他的任务是协助他的上司陈公弼处理日常事务。

陈公弼是一个老实严谨的人，做事认真细致，对苏东坡每次写的公文都一字不差地审阅然后批注，经常把苏东坡的文章

第八章　利用登门槛效应战胜拖延：自律的好习惯，需要循序渐进逐步养成

改得面目全非，而且有几次还当着众人的面批评苏东坡，让苏东坡很是难堪。这些都让不拘小节、自恃才高的苏东坡心里很不舒服，于是他决定"报复"一下陈公弼，以示自己的不满。一次，凤翔府衙的花园里修了一座亭子，要求各工作人员都写一篇文章表示对亭子的看法，苏东坡就写了一篇带有讽刺意味的对现实不满的文章。陈公弼对下属的这些做法并不介意，反而叫人把苏东坡的这篇文章刻于亭子上。其实，陈公弼对苏轼并无恶意，只是觉得苏东坡少年得志，缺少社会历练，对其以后的官宦生涯会不利。步入中年之后，苏东坡才逐渐理解了陈公弼的用意。此后，他对陈公弼非常敬重与怀念，于是决定为陈公弼立传。

东坡在一生中只写了四部传记，而关于当代人物的只有一部，就是《陈公弼传》。

这个故事中，苏东坡原本以为上司陈公弼是给自己穿小鞋，步入中年的苏东坡才知道陈公弼是为了自己好，希望年少气盛的自己可以历练成才。

其实，职场中，也不乏一些人总是和上级对着干，以为上级针对自己，于是经常以拖延的方式来对待工作，其实，他们并不理解上级的苦心，和上级的关系搞得很紧张，不能以一个

正确的心态面对领导的批评。

现在，我们来假设你是一名领导，有两名员工，一名员工能力平平，但对于你交代的任务，他们总是第一时间去执行，尽管最后结果不尽如人意；还有一名员工，他思维敏捷、能力突出，但每次你下达的指令，他总是找种种借口推脱，要么就是拖延，最后，也许他也会交出一份比较周全的工作方案。对于这两位员工，你更信任谁？很明显是前者。因为谁也不喜欢在自己背后做小动作的员工。的确，我们必须承认，任何一个员工都必须服从领导的管理，但服从并不是挂在嘴上的，而是应该用行动来实现。任何一个企业，都不需要那些只会耍嘴皮子功夫的员工。口头上的服从，其实就是应付、敷衍，甚至可以说是拒绝。我们无法想象这样的员工能高效完成工作，无法想象这样的员工能够毫不拖延地取得很好的工作效果。所以，如果你是一名员工，对于领导交代的工作，不要有借口，更不要拖延，让领导看到你的执行力才是获得其信任的关键。

可见，如果我们能发现对抗权力等级这一内在的心理原因，并权衡这一心理的负面影响，就能在一定程度上帮助我们克服心理拖延。那些无意义的对抗真的害人不浅，要学会理性思考，行动起来！

第八章 利用登门槛效应战胜拖延：自律的好习惯，需要循序渐进逐步养成

自律的养成，需要经历的几个阶段

很多人都误以为自律的养成非常艰难，并以此为借口放纵自己，由自己任性而为。实际上，自律的养成并不像我们想象中那么难，只要你真正开始自律，做更好的自己，那么接下来就是坚持去做。也许有朋友会说，坚持是最难的，那么不如扪心自问：每天一日三餐、每天要睡那么久的觉也很难坚持，为何你数十年如一日地坚持下来了呢？看到这个问题，肯定有很多朋友会哑然失笑：吃喝拉撒睡是人的本能，也是必须满足的生理需求，不做到怎么能行呢？没错，你正是因为意识到吃喝拉撒的重要性，所以再难也能坚持。那么我们是否可以理解为，你之所以无法养成自律的习惯，恰恰是因为你发自内心不重视自律，也并不认为自律是必不可少的人生素质呢？因此，养成自律习惯最重要的就是先形成对自律的重视，从而才能有的放矢。

从本质上而言，自律就是开始良性循环，并且坚持下去。自律的确说简单就简单，说难就难，因为自律的人往往要放弃

很多本能的举动和选择，例如，碳酸饮料固然好喝，却不能多喝；冰激凌蛋糕非常好吃，却要告诉自己那是垃圾食品，应对其敬而远之。众所周知，糖尿病是富贵病，如今很多老年人甚至是年轻人都得了糖尿病。虽然糖尿病不会马上要人命，但是一旦管不住嘴巴就会引发严重的后遗症，危及生命。所以糖尿病人要想活命，必须管住自己的嘴巴，千万不要吃那些禁食的食物。自律不仅要从疾病的角度展开，哪怕是在日常生活中，我们也常常需要自律，才能获得更好的发展。

当然，要想实现自律，只有理智上的认知是远远不够的，还要有超强的自制力。所谓自制力，顾名思义就是自己控制自己的能力。很多朋友缺乏自制力，总是推翻自己的计划、规划和志向等，前一刻还在信誓旦旦要获得成功，后一刻就因为放纵自己而离失败越来越近。不得不说，不管是自律还是自制，都需要顽强的毅力。

一个能够初步自制且能真正实现长期自律的人，才是真正战胜了自己的人生强者。他们从不贪享口舌之欲开始，逐渐战胜很多人性的弱点，从而让自己越来越强大。现代社会，随着生活水平的提高，很多人都超重，导致身体健康也频繁亮起红灯，身体状况处于亚健康状态。实际上，如今因为营养不良导致身体变差的情况很少发生，大多数现代人都是因为吃得太好、运动太少才惹上肥胖,从而导致身体状态变差的。在这种情况下,一定要"管住嘴,迈开腿",才能让生命渐渐恢复活力,也才能远离疾病的困扰,更好地生存。

那么如何才能方便快捷地养成自律的好习惯呢?这是一个值得认真思考和慎重对待的问题。实际上,自律的养成并不复杂,只要完成以下几个阶段,我们就会成为一个自律的人,也会拥有自己对于生命的掌控权。

首先,要给自己设定目标。人生总是需要目标的,远大的目标是人生的方向,而短期的激励则是那些中短期目标。人生不仅需要长期目标,更需要短期目标,实现短期目标就是对自律者最好的激励,也能让他们心甘情愿地继续努力,再接再厉。为了提升激励的效果,在实现短期目标之后,还可以给予自己适当的奖励,从而让自己振奋精神。

其次,很多人都更看重实质,看轻形式。实际上,从心理学的角度而言,庄重的仪式感能够让人加强自律。假如夫妻二人结婚的时候举行了隆重的仪式,那么他们在背弃婚姻的时候就会考虑到如何向亲朋好友交代,如何面对他人的询问和质疑。当然,这并非说婚姻要靠仪式来加固,而只是从心理学的角度分析仪式对于人心理状态的影响以及对人心理上产生的约束力。

再次，在自律渐渐养成的过程中，我们还要给予自己积极的心理暗示。心理暗示对人的作用是非常强大的，积极的心理暗示往往能改变人们的心态，让人们变得更加乐观，也更愿意拼尽全力坚持下去。

最后，当自律遇到障碍和困难的时候，我们还要学会扫清障碍，排除万难。想要自由随性的理由千千万万，随便就能说出若干条，但是不要给自己这样的机会，一旦你打破自律的戒律，一切就会如同洪水决堤一样势不可当。最重要的是要保持完整的自律，每天都要按照自律的要求去做，绝不要有任何折扣和妥协的行为出现。当然，为了衡量自律的效果，我们可以把标准量化。例如，一个大学生规定自己每天要背诵5个单词，或者规定自己每天要抽出半小时的时间熟读英语课文。看起来，这样的付出微不足道，但是如果在自律的支撑下坚持下来，效果一定非同凡响。

总而言之，自律应该是主动自发的行为，如果只靠外界的约束是很难坚持的。所以，朋友们，从现在开始培养一颗强大的心脏吧，当你真正做到了，你才会领略自律的神奇力量。

参考文献

[1] 刘磊. 登门槛效应：循序渐进的说服定律[M]. 哈尔滨：黑龙江美术出版社，2019.

[2] 董光恒. 一读就上瘾的心理学[M]. 北京：台海出版社，2021.

[3] 墨羽. 受益一生的心理学效应[M]. 北京：中国商业出版社，2019.

[4] 舒娅. 心理学入门[M]. 北京：中国纺织出版社，2018.